青少年科普知识枕边书

地理知识全知道

李芙蓉◎编著

图书在版编目（CIP）数据

地理知识全知道 / 李芙蓉编著 . -- 北京：当代世界出版社，2018.3
（青少年科普知识枕边书）
ISBN 978-7-5090-1308-3

Ⅰ.①地… Ⅱ.①李… Ⅲ.①地理—青少年读物 Ⅳ.① K9-49

中国版本图书馆 CIP 数据核字 (2018) 第 000416 号

地理知识全知道

作　　者：	李芙蓉
出版发行：	当代世界出版社
地　　址：	北京市复兴路4号（100860）
网　　址：	http://www.worldpress.org.cn
编务电话：	（010）83907332
发行电话：	（010）83908455
	（010）83908409
	（010）83908377
	（010）83908423（邮购）
	（010）83908410（传真）
经　　销：	新华书店
印　　刷：	北京旭丰源印刷技术有限公司
开　　本：	710mm×1000mm　1/16
印　　张：	17.5
字　　数：	250千字
版　　次：	2018年11月第1版
印　　次：	2018年11月第1次
书　　号：	ISBN 978-7-5090-1308-3
定　　价：	45.00元

如发现印装质量问题，请与承印厂联系调换。
版权所有，翻印必究；未经许可，不得转载！

"百川东到海,何日复西归?""人间四月芳菲尽,山寺桃花始盛开。""坐地日行八万里,巡天遥看一千河。"这些优美的诗句,都包含的丰富的地理知识。那么,地理学是研究什么的呢?

地理学是关于地球及其特征、居民和现象的学问。它是研究地球表层各圈层相互作用关系及其空间差异与变化过程的学科体系,主要包括自然地理学和人文地理学两大部分。地理学家研究众多现象、过程、特征以及人类和自然环境的相互关系在空间及时间上的分布。因为空间及时间影响了多种主题例如经济、健康、气候、植物及动物,所以地理学是一个有高度跨学科性的学科。

自然地理学调查自然环境及如何造成地形及气候、水、土壤、植被、生命的各种现象及它们的相互关系。人文地理学专注于人类建造的环境和空间是如何被人类制造、看待、管理以及人类如何影响其占用的空间。因为以上两者的原因,使用不同的方法令第三领域——环境地理学出现。环境地理学在自然地理学与人文地理学的研究成果上,评价人类与自然的相互关系,并提出人类征服自然、改造自然以适应自身永续发展的安全状态和技术条件。

借助于现代科学技术,人类生产出了更多的粮食,建立起城市,人类的生存发展得到了保障,人类拥有了现代交通工具,人类还发射了人造地

球卫星，开始进军宇宙空间……科学技术似乎是一根魔杖，人类用它可以为所欲为，特别是人类祖祖辈辈生活的地球，更成了人类随心所欲的对象。由于自然界承受人类各种压力的能力有限，这些影响反过来严酷地威胁着人类自身。

本书以通俗易懂的语言向青少年读者介绍了世界各国科学家对认识自然、改造环境作出的贡献；分析了天气、气象等的形成以及人类影响气候、改变天气的一些方法。另外，本书对于人类发展给生态造成的破坏以及各种环境灾害给予了格外的关注，呼吁大家保护大自然，保护人类共同的家园。

地理与我们的生活息息相关，无时不在、无处不在。衷心希望本书能够为青少年朋友开阔眼界、提高科学素养尽一份力。衷心希望青少年朋友们带着这些地理知识，带着对大自然持之以恒的关怀，奔向更美好的生活！

科学家的故事

李冰修都江堰	002
张衡监测地震	005
李淳风观风	008
郭守敬兴修水利	012
托里拆利发现大气压力	016
帕斯卡的贡献	019
格里克和"马德堡半球实验"	022
吉尔伯特与地球磁场	025
伽利略与温度计	028
"计温术之父"华伦海特	031
胡克与气象仪器	034
拉瓦锡揭示氧气奥秘	037
毛发湿度计发明者索绪尔	041
舍恩拜因发现臭氧	044
布兰德斯的天气图	047
勒威耶与天气预报	050
环保先驱梭罗	053

"自然保护之父"利奥波德　056
卡逊和《寂静的春天》　059
林德曼和"十分之一定律"　062
朗缪尔发明"人工降雨"　065
我国现代气象学奠基人竺可桢　068
中国气象泰斗叶笃正　072
"绿色和平之父"塔格特　075
"绿色英雄"拉夫洛克　078
洛伦兹与"蝴蝶效应"　081
"中国环保第一人"曲格平　084

地理常识与环境问题

地球自转产生的自然现象　088
四季的形成　091
"五带"的划分　094
地球"保护伞"　096
认识极光　099
奇妙的海市蜃楼　102
"生物圈二号"实验　105
干渴的"水球"　108
"马纬度"溯源　111
信风与大气环流　114
奇特的焚风　117
播云布雨水循环　120
"次声"的妙用　123
诺曼底"气象战"　126
天气预报的"好帮手"　130
大海中的"河流"　133

海洋"暖水管"的发现	136
秘鲁寒流创造的"奇迹"	139
"圣婴"作恶	142
我国的四大自然灾害	146
来自地底的灾难预警信号	150
海啸预报	153
作恶多端的龙卷风	156
毁誉参半的台风	160
"梅雨"天气	164
泥石流灾害	168
寒潮的形成	171
"白色死神"雪崩	174
绿洲"变"沙漠	178
水污染的历史教训	180
亟待保护的臭氧层	184
"空中死神"——酸雨	187
伦敦上空的"无声杀手"	191
洛杉矶光化学烟雾事件	194
可怕的"温室效应"	197
危险的格陵兰"冰库"	200
切尔诺贝利核泄漏事故	203
"地球水塔"泄漏引发的危机	206
二叠纪生物大灭绝的"幕后黑手"	209
物种保护形势紧迫	213
降服坏天气不是梦	216
冰的贡献	220
"地球之肺"——森林	223
能改善环境的沙尘暴	226
"保卫地球"运动	229

健康的核辐射	232
"洁净"的潮汐能	234
微生物显身手	237
快速发展的环保农业	240

新技术与未来展望

处理二氧化碳的新方法	246
给地球戴上遮阳帽	249
我国未来的"水银行"	252
核废料的"归宿"	255
高科技改造沙漠	258
开发地下空间	261
高新技术消除噪声	264
沙漠变粮仓	267
奇妙的"人造气候"	269

科学家的故事

李冰修都江堰

水旱灾害自古以来都是客观存在的，人类在和水旱灾害的长期斗争中积累了丰富的经验。早在数千年前劳动人民修建的一些水利工程，至今仍在为我们服务。公元前250年左右，我国就出现了具有综合效用性质的水利枢纽工程——位于成都平原西部岷江上的都江堰分洪灌溉工程，主持这项工程的是我国古代著名水利专家李冰。

有"千水之省"称谓的四川省，古时为巴、蜀古国，在相当长的历史时期内，巴蜀大地经常受到洪水的袭扰。每值雨季到来，众多江河一并发难，洪水肆意漫流，巴蜀便成了水乡泽国，使百姓们饱受洪水之苦。公元前316年，巴、蜀为强秦所灭，成为秦国的一个郡——蜀郡。秦国为达到以蜀地为基础进而灭楚、统一天下的目的，决心治理蜀郡水患。故此，秦王派李冰任蜀郡守，以完成治水大业。

岷江是长江上游一条较大的支流，发源于四川北部的岷山，上游沿江两岸山高谷深，水流湍急。急流而下的江水流到都江堰市附近，地势突然平坦，所挟带的大量泥沙也就淤积在这里，抬高了河床，加剧了水患。特别是灌县城外还有一座玉垒山，挡住了岷江水东流的去路，因此，每年当山上积雪融化和夏秋洪水泛滥，猛涨的岷江水一出岷山就像脱了缰的野马，将大片大片的庄稼吞没，将一幢幢房屋吞没，将一群群逃脱不及的人们吞没。

李冰经过实地考察和勘测，决定先把玉垒山凿开一个缺口，使岷江的水分流一股到山的东边去，既可以分洪减灾，又可以引水灌田，一举两得。凿山开始了，当地民众积极参加，很远就能听到开山人们的欢声笑语和叮叮当当的凿石声，很是热闹。但开工不久，一根根铁钎折断了，一个个铁锤打秃了。由于玉垒山的石质坚硬，凿山非常困难，工程进展极其缓慢。李冰号召大家出主意、想办法。他听取并采纳了一位石匠提出的方法：先在岩石上开一些槽，在槽中和天然的石缝里填满干草和树枝点火煅烧，然后趁热泼冷水，使岩石爆裂，这样开凿就省力多了。据说当时火光映红了天空，巨石的爆响声震撼着山河，玉垒山终于被凿开了约20米宽的山口。山口的形状像个瓶口，人们叫它"宝瓶口"。

李冰后来发现宝瓶口地势高，流入宝瓶口的水量不多，分洪的效果不理想，洪水大时西岸仍然会发生水灾，这使他很焦虑。李冰父子再次对岷江进行详细地调查和勘测，一个宏伟的筑堰方案制定出来了——在距离玉垒山稍远的江心修筑一道分水堰，把岷江的水在玉垒山面前分成两股，使其中的一股进入宝瓶口。在2000多年前，要在浪涛翻滚的江心筑起一道大堰来，谈何容易！开始李冰父子带领民众往江心抛石筑堰，可是石头小，水一冲即走，用大石块投入，也被冲得东摇西晃，多次试验都没有成功。李冰毫不灰心，继续寻找新的筑堰办法。他带领儿子和几个随行人员逆江而上，再次走访考察。在一条小溪边，李冰发现几个洗衣妇女，为了将浅浅的溪水聚深，她们有的把衣服放在竹篮中堵住水，有的在竹篮里放上一块竹席头，再装上石头挡住水流，形成一个小小的"水坝"。李冰受到启发，又想到当地漫山遍野的竹子和就地可取的卵石，立刻想到用竹笼装鹅

卵石筑堰的方法。便马上回来发动民众砍伐竹子，请来竹工编竹笼，开始做用竹笼装鹅卵石在江中筑堰的试验。他发现竹笼小了是不行的，就让竹工编成长三丈、直径两尺的大竹笼，装满鹅卵石，然后一个一个地沉入江心，终于在江心筑起了一条狭长的小岛似的分水大堰。岷江水在这里分成两条支流。大堰西边的江水流经原来的水道，为岷江的本流，人们称它为外江；在大堰东边水道的水，流经宝瓶口后，再分成许多大小沟渠、河道，组成一个纵横交错的扇形水网，灌溉成都平原的千里农田，最后通向长江的另一条支流沱江，人们称它为内江；大堰前端伸出一个尖头，指向岷江上游，远望好像一个大鱼头，取名叫它"鱼嘴"。大堰两侧垒砌了大卵石护堤，靠内江的一侧称为"内金刚堤"；靠外江的一侧称为"外金刚堤"。大堰筑成以后，李冰给起名叫"都安堰"，后来改称"都江堰"。

都江堰的修成，化水害为水利，既防旱又排涝，灌溉面积达300余万亩，使得成都平原十几个县一年四季旱涝保收，成为"天府之国"。都江堰虽然修建于2000多年前，可是它的规划、设计和施工方法都具有高度的科学性和创造性，在中国古代许多宏伟的水利工程中首屈一指，在世界上也是罕见的奇迹。

知识链接 >>>

李冰是我国古代杰出的水利专家。他掌握了丰富的水利知识，以科学的态度和方法，在实践中经过千辛万苦的努力修建都江堰，造福人类。但是关于李冰的籍贯，学术界一直众说纷纭。现代主流的说法有两种：一是山西，一是陕西。由于佐证不够，都无法得到证实。即使是他的姓名在史籍中的记载也残缺不全。《史记·河渠书》记"蜀守冰"，有名无姓。《汉书·沟洫志》记"蜀守李冰"，算是名姓齐全。《史记》和《汉书》简约地记载了他"凿离堆，避沫水之害，穿二江成都中"的事迹。史家们根据各种典籍推算他是秦昭王时期人，约在公元前276年至前251年前后担任蜀郡太守，最后因积劳成疾死在了治理石亭江的工地上。

张衡监测地震

作为一种地质灾害,地震可谓自然界最可怕的现象之一,即使是今天,地震仍无法完全预测。可是在古代,人们就发明了一种仪器可以监测地震。

设计制作出世界上第一个地动仪的人,是我国东汉时期伟大的天文学家张衡。

公元78年,张衡生于南阳西鄂(今河南南阳县石桥镇)。他自小刻苦爱学,很有文采,16岁以后便离开家乡到外地游学。他先到了当时的学术文化中心三辅(今陕西西安一带),后来又到了首都洛阳,进了当时的最高学府——太学。张衡非常喜欢研究天文、算学、地理和机械制造等学问。后来,他在这些方面的名声引起了朝廷的注意。公元111年,张衡被征召进京,先后两度出任太史令。太史令是一个掌管天文、历法、预报天象气候的官职,张衡前后任此职达14年之久,他的许多重大发明都是在这一时期完成的。

东汉时期,我国地震非常频繁。据记载,自公元92年到公元125年的30多年间,共发生了26次大的地震。公元119年就曾发生过两次大地震,

第一次是发生在 2 月间，洛阳和其他 42 个郡国地区都受到影响，有的地方地面陷裂，有的地方地下涌出洪水，有的地方城郭房屋倒塌，死伤了很多人；第二次是在冬天，地震的范围波及 8 个郡国的广大地区，造成了生命和财产的巨大损失。当时人们由于缺乏科学知识，对地震极为惧怕，都以为是神灵在作怪。张衡当时正在洛阳任太史令，他经历了许多次地震，多次目睹震后的惨状，痛心不已。为了掌握全国的地震动态，他记录了所有地方上发生地震的报告，在已有的天文学基础上，经过长年孜孜不倦的探索研究，终于在公元 132 年（他 54 岁的时候）发明了世界上第一架用于测定地震方向的地震仪——候风地动仪。

据记载，张衡发明的这个仪器是铜质的，形状像一个酒樽，上面有一个隆起的圆盖。在仪器的内部中央有一根铜质"都柱"，柱旁有八条通道，称为"八道"，还有巧妙的机关。仪器外部周围有八个龙头，按东、南、西、北、东南、东北、西南、西北八个方向布列。龙头与内部通道中的发动机关相连，每个龙头嘴里都衔有一个铜球。对着龙头，八个蟾蜍蹲在地上，个个昂头张嘴，准备承接铜球。当某个地方发生地震时，樽体随之运动，触动机关，使发生地震方向的龙头张开嘴，吐出铜球，落到铜蟾蜍的嘴里，发出很大的声响。于是人们就可以知道地震发生的方向。

对于张衡发明的这个地震仪是否能监测地震，朝中大臣们议论纷纷，有相信的，也有表示怀疑的。但时间一久，人们对这件事也就淡忘了。公元 134 年 12 月 13 日，候风地动仪朝西方向的龙口突然张开，小铜球落入蟾蜍口中。但当时洛阳并没有人感觉到有什么震动，于是满朝文武议论纷纷，说张衡的那架仪器不可靠。但过不多久，洛阳以西相距 1000 多里的陇西（今甘肃省天水地区）有人飞马来报，证实那里前几天确实发生了地震。这一下，人们开始信服起张衡的高超技术了。

张衡发明的候风地动仪虽然只能测知地震震中的大概方位，但在人类同地震作斗争的历史上却留下了光辉的一页，人类从此开始了使用仪器监测地震的历史，张衡因此被认为是人类从事地震科学研究的先驱和地震学的鼻祖。

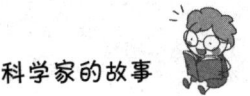

张衡除了在天文学、地震学、机械技术等方面取得了辉煌成就外，在数学、哲学、文学、绘画等领域也有很深的造诣。

知识链接 >>>

张衡在数学方面有很大的成就。他给立方体定名为质，给球体定名为浑。他研究过球的外切立方体体积和内接立方体体积，研究过球的体积，还计算了圆周率，他计算的圆周率π值等于730/232=3.1466，这个值比较粗略，但却是中国第一个理论求得的π值。

李淳风观风

在气象台站发布的天气预报中，我们常会听到这样的说法："风向北转南，风力2—3级。"这里的"级"是表示风速大小的。风速就是风的前进速度。相邻两地间的气压差越大，空气流动越快，风速越大，风的力量自然也就大，所以通常都是以风力来表示风的大小。风速的单位用米/秒或千米/小时来表示。而气象台发布天气预报时，大都用的是风力等级。世界上最早给风力定级的人，是我国唐朝初年的科学家李淳风。

李淳风是岐州雍县（今陕西凤翔县）人，生于公元602年。

李淳风自幼博览群书，知识渊博，特别爱好天文学和历法的研究。唐初行用的历法是《戊寅元历》，这部历法存在一定的缺陷，李淳风对之做了详细研究，提出了修改意见，唐太宗派人考察，采纳了他的部分建议。在古代，历法编撰是专门之学，一般学者很难问津，而李淳风对《戊寅元历》提出修订意见时才20多岁，这自然会引起人们注意。他也因此得到褒奖，被授予将仕郎，进入太史局任职，从此开始了他的"官方天文学家"的生涯。

进入太史局之后，李淳风首先提议对传统浑仪加以改进。在古代中国，浑仪是人们进行天文观测时必不可少的仪器，它的精确与否，直接影响到历法的制订。当时皇家天文机构使用的是北魏铸造的铁制浑仪，该浑仪使用时间已久，而且没有黄道环，结构相对简单，刻度也比较粗糙，不能适应天文观测的需要，必须对之加以改造。就在这种背景下，李淳风提出了改进的建议。李淳风的建议引起了朝廷的重视，在唐太宗的首肯之下，他经过精心设计，于公元633年制成了一台新的浑仪，名为"浑天黄道仪"。在这台浑仪上，他创造性地将赤道环和黄道环结合在一起，解决了如何使黄道环与天空黄道相对应的难题。在浑仪上安装黄道环的做法由来已久，东汉时即已发明了太史黄道铜仪，但由于黄道只是太阳周年视运动的平均轨道，在天空并无明显可见的轨迹，人们一直没有找到使仪器上的黄道环与天空中的黄道相对应的方法。而在李淳风的浑天黄道仪上，黄道环、赤道环是按其相应方位固定在一起的，赤道环上刻有二十八宿距度，这样，只要赤道环与天空二十八宿位置对准，黄道环与天空黄道也就自然对准了。此后一直到明清时期，浑仪虽然几经改进，但基本结构一直遵循着李淳风的设计原理。

有一年，李淳风按自己的历法计算出某月初一将出现日食，于是把自己算出的日食发生、结束的精确时刻上报到朝廷。到了当天，太宗李世民率领众官赶到殿前，让文武百官准备好救护仪式。可是快到李淳风说的时间了，天上圆圆的太阳还是毫无动静，李世民不高兴地说："李淳风，如果日食不出现，你可是欺君之罪！"欺君之罪是要被杀头的，李淳风却毫不惧怕地说："圣上，如果没有日食，我甘愿受死。"李世民又等了一会儿，等不及了，对李淳风说："我看你赶紧回家一趟，与老婆孩子告别吧！别让我们白等了！"李淳风在地上插一根木棍，影子投射到墙上，他在墙上的影子边画了一条标记，说："圣上请看，等到日光再走半指，照到这里时，日食就出现了。"果然，过一小会儿，天上的太阳开始被一个黑影侵入，跟他说的时间丝毫不差，于是百官下拜祈祷，锣声、鼓声响成一片。这时，李淳风擦擦头上的冷汗，对李世民说："臣的新历法，对以前的日食，百试百

灵，今天又验证了刚刚发生的日食，可见是精密无比的，愿圣上尽快下诏颁用新历，方能顺天知命、利国安邦。"李世民从此对李淳风的历法大为赞赏。到麟德二年（公元665年），朝廷决定改用李淳风的历法，并将其命名为《麟德历》。

李淳风生活的时代，农业生产受到天气制约的程度很大。为了掌握主动权，人们就必须了解天气的变化。当时对风的观测已比以前详细多了，风向由4个方位发展到了8个方位，因之有八风之名，即：不周风（西北）、广莫风（北）、条风（东北）、明庶风（东）、清明风（东南）、景风（南）、凉风（西南）、阊阖风（西）。由于李淳风有着深厚的天文学基础和在工作上的便利条件，也有很多观察和研究气象的机会。他用自己设计的"三脚鸡风动标"观风、测风，在观测研究和总结前人经验的基础上，写成了世界上现存最早的气象学专著《乙巳占》。在这本书中，李淳风进一步把风向确定为24个。他还根据树木受风影响而带来的变化和损坏程度，创制了八级风力标准，即：一级：动叶（摇动树叶）；二级：鸣条（风吹树枝条发出声音）；三级：摇树（树身摇动）；四级：坠叶（树叶纷纷下）；五级：折小枝（小树枝被风折断）；六级：折大枝（大树枝被风吹断）；七级：折木，飞沙石（小树纷纷被风吹断，遍地飞沙走石）；八级：拔大树及根（大树被连根拔起）。这种对风级的划分法400年后才传入欧洲，推动了欧洲各国对风的研究。

1805年，英国人蒲福在李淳风《乙巳占》的基础上，仔细观察了陆地和海洋上各种物体在大小不同的风里的情况，积累了50年的经验，把风划成了13个等级，最小为0级，最大为12级。后来，又经过研究补充，才把原来的说明解释得更清楚了，并且增添了每级风的速度。20世纪50年代后，人们从仪器中测出自然界的风实际上大大越过了12级，于是就把风级扩展到现在的18个等级。如今的天气预报，就是按照这个标准向人们报告风力的。

蒲福创立的风级，具有科学、精确、通俗、适用等特点，已为各国气象界及整个科学界认可并采用。但作为第一个给风力定级的人，李淳风不愧是承前启后的知名科学家。

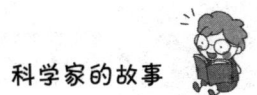

　　为了便于记忆，有人把风力等级的内容编成了歌谣：零级无风炊烟上；一级软风烟稍斜；二级轻风树叶响；三级微风树枝晃；四级和风灰尘起；五级清风水起波；六级强风大树摇；七级疾风步难行；八级大风树枝折；九级烈风烟囱毁；十级狂风树根拔；十一级暴风陆罕见；十二级飓风浪滔天。

郭守敬兴修水利

水是生命之源，人类对水资源的开发利用很早就已经开始了。作为百年之计、千年之计，古时候的很多水利工程不仅功在当时，而且还泽被后世。那些能够因地制宜治理水土流失、改善生态环境的水利专家也因此名垂青史，13世纪世界杰出的中国科学家郭守敬便是其中之一。

公元1231年，郭守敬生在顺德府邢台（今河北省邢台县）一个书香门第。郭守敬四五岁时，聪明过人，喜欢读书，尤其对探究自然现象感兴趣，小小年纪就制作过一些小的天文仪器。29岁时，在朝廷做官的郭守敬奉命巡视大名、彰德等地。他办事认真踏实，尤其对所到之处的地形和水利状况进行了翔实的勘察。两年以后。他向元世祖忽必烈提出了兴修水利的六项具体建议。忽必烈对此十分赞赏，命郭守敬为提举诸路河渠，后来官至工部郎中，一直负责河工水利。

公元1264年，郭守敬来到宁夏，负责修浚因长期战乱被破坏淤塞的渠道。当时宁夏两条最长的干渠——汉延渠、唐徕渠均已淤废，不能发挥原有的灌溉作用，有人主张废弃，另开新渠，郭守敬不同意，认为另开新渠既费工又费时，投入也非常大。他实地考察地形水情之后，提出了"固旧图新"的办法，在旧渠道引水处筑堰提高水位，将原有的渠道挖深，分段建立水闸，有计划分水到达渠梢。按照他的设计方案进行施工，不到两年的时间便修浚了唐徕渠、汉延渠等各条大干渠，宁夏引黄灌区灌溉农业重现生机，汉唐古渠又发挥了作用。之后，他又对灵州、应理、鸣沙等地的10条干渠以及大小支渠68条，全部进行一次彻底修缮、改造，使宁夏地区的农田水利灌溉体系比前代更加完善。原来四处逃荒的农民又纷纷返回家园，开荒种地，农桑大兴，塞上江南、鱼米之乡的面貌重现在黄河两岸。郭守敬从兴修、疏通水渠到建筑水坝和水闸，实现了人类由储水到控水的转变，这是人工灌溉史上的进步，这些方法现在仍是宁夏黄灌区节制水量的主要方法。

　　1275年，元朝廷开始修筑京杭大运河。京杭大运河主要部分是业已存在的天然河道和古运河，但从大都（今北京）到通州（今北京通州区）、从山东御河到汶河这两段，没有现成水道可以利用，需要开挖。郭守敬奉命勘察了泗水、汶水、御河等主要河流，设计了京杭大运河山东段的河道线路，为运河的全面沟通奠定了基础。

　　1289年，南起安山、北抵临清、全长250里的会通河开凿成功，江南的漕船从此可以直达通州。但从通州到大都，还得靠畜力拉送，这段旱路不仅效率低，而且耗费大，历代曾多次兴办水运，忽必烈也曾派人重新试验，然而大都地区西高东低、河道水量不足且含沙量大，结果均告失败。1291年，郭守敬在认真总结前人经验教训的基础上，就大都地区的水利建设提出了包括开凿大都至通州运河在内的11项建议。

　　他经过详细勘测，发现大都西北神山（今凤凰山）的白浮泉水清量大，西山诸泉也都可以利用，不必引用永定河的浑水；但是，大都与昌平之间有沙河和清河两条河谷低地，使泉水不能径直向东南引至大都。面对这种地形条件，郭守敬设计的渠线不是把白浮泉（海拔55米）水直接引向东南，而是向西至西山麓；然后大体沿50米等高线南下，避开河谷低地，沿途拦截沙河、清河上源及西山诸泉,再向东南注入瓮山泊(海拔40米,清代向东南开拓,并改名为昆明湖,其作用相当于调节水库),沿渠修筑堤堰,这就是白浮堰;往下再向东南流入高梁河(今南长河),进大都城内的积水潭(今什刹海、后海、前海),以积水潭为停泊港;从积水潭东侧开河引水,向东南方向流至文明门(今崇文门北),再经金代的闸河故道东流,穿过通州城,至城南的高丽庄与大运河相接。由于大都高出通州4丈,沿河还修建了20余座水闸和斗门以调节水量,控制水深和流速,保证船只平稳航行。这一工程不仅便利了航运,还解决了大都城的洪水及郊区的灌溉问题。

工程完工后,忽必烈当即给这段运河取名为"通惠河",并奖赏郭守敬。从此,我国的内河船只可自杭州北上3500多里而直抵大都。整个运河由初建时以漕运为主,迅速演变为货运和客运并举,将海河、黄河、淮河、长江和钱塘江五大流域水运交通相互沟通,成为当时中国最重要的交通命脉,这就是著名的元代京杭大运河。郭守敬主持修建的这些工程成了今日北京水利设施的基础工程和城市河湖水系的骨干,至今仍具有城市泄洪排水、美化城市、优化生态环境等多种效益。

1298年,有人提议在上都(今内蒙古自治区锡林郭勒盟正蓝旗草原)西北的铁幡竿岭下,开出一条宣泄山洪的渠道,向南通往滦河。元成宗把郭守敬召到上都商议。郭守敬根据地势和历年山洪资料,指出这条宣泄山洪的渠道要宽到五十步至七十步(80—115米)。但经办此事的人认为郭守敬太夸大事实了,就把他定的宽度缩减了三分之一。谁知次年山洪暴发时,果然因渠道太窄,泛滥成灾,还险些冲及成宗的行帐。成宗在避水时叹道:"郭太史真是神人呐,可惜没有听他的话!"

除了在水利方面的贡献,郭守敬还参与制定的《授时历》。1303年,成宗下诏,凡年满70岁的官员皆可退休,唯独郭守敬,因为朝廷还有工作依靠他,不准退休。由此形成了一个新例:太史院的天文官都不退休。1316年,郭守敬去世,享年86岁。

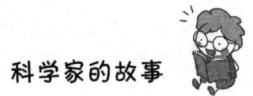

　　为纪念郭守敬的功绩，1964年中国科学院紫金山天文台将新发现的2012号小行星命名为"郭守敬小行星"；1970年国际天文学会又将月球背面的一座环形山命名为"郭守敬环形山"。

托里拆利发现大气压力

地球的周围被一层厚厚的空气包围着,这个空气层被称为大气层。空气可以像水那样自由地流动,同时它也受重力作用,因此空气的内部向各个方向都有压强,这个压强被称为大气压。大气有压力早已为人们所证实,最早测出气压值的是意大利科学家托里拆利。

托里拆利1608年出生在意大利华耶查城一个富裕的贵族家庭。他从小受到良好的数学教育,在十七八岁时,卓越的数学才能已初露锋芒。在他20岁时,伯父将他带到罗马,受教于伽利略的学生卡斯德利。卡斯德利是当时远近闻名的数学家和水利工程师,他在数学领域内很多方面都有卓越的成就,还为水力学创立了科学的基础。卡斯德利见托里拆利年轻聪慧,十分喜爱,便指派他为自己的私人秘书,在学术上给予他指导。1641年,托里拆利出版了《论重物的运动》一书,试图对当时伽利略的动力学定律作出新的阐释。卡斯德利在一次拜访伽利略时,将托里拆利的论著给伽利略看了,还热情推荐了托里拆利。伽利略看完托里拆利的论著之后,表示非常欣赏他的卓越见解，便邀请他前来充当助手。1641年，托里拆利来到佛罗伦萨，见到伽利略，并成了他的学生。1642年，伽利略逝世，托里拆利接替伽利略任佛罗伦萨科学院的物理学和数学教授，并被任命为宫廷首席数学家。此后他开始有条件做一些实验研究，不再像以往那样只能从事理论探索。

当时学术界对空气是否有重量、真空是否存在的问题还认识不清，主要是受亚里士多德思想的影响，认为自然界不能容忍真空，即所谓的"自然嫌恶真空"。伽利略对此说法表示怀疑，他发现，抽水机在工作时，不能把水抽到10米以上的高度，他把这一现象归结为水柱受不了它本身重量之故。托里拆利坚定赞同伽利略的关于空气有重量和真空存在的说法。但为什么水抽不到10米以上的高度呢？托里拆利一直想把这个问题弄清楚。

1641年，一位著名的数学家、天文学家贝尔提曾用一根10米多长的铅管做成了一个真空实验。托里拆利受到了这个实验的启发，想到用较大密度的海水、蜂蜜、水银等做实验。他选用的水银实验，取得了最成功的结果。他将一根长度为1米的玻璃管灌满水银，然后用手指顶住管口，将其倒插进装有水银的水银槽里，放开手指后，可以看到管内部顶上的水银已下落，留出空间来了，而下面的部分则仍充满水银。为了进一步证明管中水银面上部确实是真空，托里拆利又改进了实验。他在水银槽中将水银面以上直到槽口注满清水，然后把玻璃管缓缓地向上提起，当玻璃管管口提高到水银和水的界面以上时，管中的水银便很快地泻出来了，同时水猛然向上进入管中，直至管顶。由此可见，原先管内水银柱以上部分确实是空无所有的空间。原先的水银柱和现在的水柱都不是被什么真空力吸引住的，而是被管外水银面上的空气重量所产生的压力托住的。托里拆利在实验中还发现，不管玻璃管长度如何，也不管玻璃管倾斜程度如何，管内水银柱的垂直高度总是76厘米，于是他提出可以利用水银柱高度来测量大气压，并于1644年同维维安尼合作制成了世界上第一具水银气压计。

1647年10月25日，年仅39岁的托里拆利英年早逝。为了纪念托里拆利在大气研究方面做出的贡献，人们把他在进行实验时水银柱上的那段真空称为"托里拆利真空"，而那种玻璃管也被叫作"托里拆利管"。

 知识链接 >>>

  托里拆利在其他方面也有很多建树。托里拆利发现了托里拆利定律，这是一个有关流体从开口流出的流速的定律，即水箱底部小孔液体射出的速度等于重力加速度与液体高度乘积的两倍的平方根，虽然这后来被证明是伯努利定律的一种特殊情况。后来他又通过实验证明了从侧壁细孔喷出来的水流的轨迹是抛物线形状。托里拆利的这些发现，为流体力学成为力学的一个独立的分支奠定了基础。托里拆利还是第一个用科学的方式描述风的人，他写道："风产生于地球上的两个地区的温差和空气密度差。"此外，托里拆利也具有很高的数学造诣。他在数学方面最大的贡献是进一步发展了卡瓦列里的"不可分原理"，帮它走向后来牛顿和莱布尼兹所创立的微积分学。他还将卡瓦列里的不可分原理以通俗易懂的方式解读，颇受广大读者欢迎，对不可分原理的普及起了推动作用。

帕斯卡的贡献

托里拆利通过实验证实了大气压力之后,很多人并不相信他的研究成果,有的人就提出,托里拆利使用的玻璃管上端内"纯净的空气",并非真空。针对这一问题,大家各抒己见,众说纷纭,引起了一场激烈的争论。最终用实验成功证实托里拆利的理论并结束这场争论的,是法国著名数学家、物理学家帕斯卡。

布莱士·帕斯卡于1623年6月19日出生在法国奥维涅省的克莱蒙费朗,在兄弟姊妹中排行第三,也是家中唯一的男

孩。帕斯卡没有受过正规的学校教育。他4岁时母亲病故,由受过高等教育、担任政府官员的父亲和两个姐姐负责对他进行教育和培养。他父亲是一位受人尊敬的数学家,在父亲精心教育下,帕斯卡从小就善于思考,不仅喜欢问为什么,而且特别喜欢动手做实验,通过实验和思考来找出问题的答案。有一次,帕斯卡在厨房外面玩耍,听到厨师把盘子弄得叮叮当当响,这普通的声音引起了他的深思。他想:为什么刀离开盘子以后,声音不马上消失呢?于是就自己做实验研究。他发现盘子被敲击之后,声音连

绵不断，但是只要用手一按盘子，声音马上就停止了，手指碰在盘子边上，还有点发麻呢！原来发声最重要的是振动，即使敲打停止了，只要振动不停止，还能发出声音来。通过实验，11岁的帕斯卡便懂得了声音是振动产生的。

在日常生活中，我们经常看到，没有灌水的水龙带是扁的。水龙带接到自来水龙头上，灌进水，就变成圆柱形了。水是往前流的，为什么能把水龙带撑圆？帕斯卡注意到这类现象后就想：也许是水对四面八方都有压强吧？为了证明这一点，他设计了一个实验，这就是"帕斯卡球"实验。帕斯卡球是一个壁上有许多小孔的空心球，球上连接一个圆筒，筒里有可以移动的活塞。把水灌进球和筒里，向里压活塞，水便从各个小孔里喷射出来了，成了一支"多孔水枪"。帕斯卡球的实验证明，液体能够把它所受到的压强向各个方向传递。水龙带灌满水以后变成圆柱形，就是水龙带里的水把自来水里的压强传递到了带壁的各个部分的结果。

细心的帕斯卡并没有就此结束他的研究。他又多次做实验，研究哪个孔喷出去的水最远。结果发现，并没有射得特别远的，距离都差不多。这说明，每个孔所受到的压强都相同。认真观察使帕斯卡发现了液体传递压强的基本规律，这就是著名的帕斯卡定律。现在所有的液压机械都是根据帕斯卡定律设计的，所以帕斯卡被称为"液压机之父"。

24岁时，为了减轻父亲在税收工作中繁杂的计算，帕斯卡用了两年的时间，设计并创制了历史上第一架机械计算器。此后，帕斯卡开始从事大气压力的研究。1646年，托里拆利实验的消息传到法国，帕斯卡立即根据托里拆利的理论重做了实验，并认为在水银液面上方的空处的确存在真空。可当时许多人认为真空是不可能存在的，管内上端有水银蒸气，正是水银蒸气把水银压到水银槽内。为了证明自己的观点，帕斯卡就分别用水及葡萄酒来代替水银，进行实验。事先他向围观的人提出了这样一个问题：把管子分别灌满水和葡萄酒，然后迅速将它们倒立在装有水及葡萄酒的池内，你认为哪一个玻璃管中的液面会更低？结果大家都认为葡萄酒的液面会更低些，理由是葡萄酒容易挥发，因此，液面上的气体就多，从而把葡萄酒更多地压向槽内。现在大家都知道，这种理解是错误的，实际上水面比葡萄酒液会更低些，因为水的密度比葡萄酒大。

1647年，帕斯卡通过实验已经证明了真空的存在，但他的研究成果同样受到了当时很多人的质疑。如大数学家笛卡尔就对帕斯卡的结论不以为然，并大加讥讽，说他"头脑里真空太多了"。为了给反对派以"致命一击"，1648年9月19日，帕斯卡委托他的内兄佩里埃到山顶去进行水银柱实验，佩里埃按照帕斯卡的嘱托，反复认真测量了山顶与山底水银柱的高度，他惊讶地发现，山顶水银柱高度要比山底低8.5厘米。当帕斯卡知道这个消息后，立即爬上一个50米的高塔重复进行这个实验，结果证明塔顶水银柱要比塔底低0.45厘米，由此帕斯卡意识到大气压随高度变化。后来人们根据大气压随高度增加而减小这个现象，制成高度计，用来测量各地区的地势高度。帕斯卡在实验过程中还发现大气压与当时当地的气象有关，从而预言了可以用气压计来作气象预报。在分析总结实验的基础上，帕斯卡后来写了《关于真空的新实验》一书，全面论证了托里拆利的发现是正确的，有力地驳斥了所谓"自然厌恶真空"的谬论。

帕斯卡从小就体质虚弱，又因过度劳累，致使疾病缠身。然而正是他在病休的1651—1654年间，他仍然紧张工作，写成了《液体平衡及空气重量的论文集》，著名的帕斯卡定律就记载在这部著作中。1662年8月19日帕斯卡逝世，年仅39岁。为了纪念帕斯卡在研究压强方面的杰出贡献，国际单位制中规定用"帕斯卡"来命名压强的单位，简称"帕"。

知识链接 >>>

帕斯卡的数学造诣很高，除在概率论等方面有卓越贡献外，他最突出的贡献是著名的帕斯卡定理——他在《关于圆锥曲线的论文》中提出的。帕斯卡定理是射影几何的一个重要定理，即"圆锥曲线内接六边形其三对边的交点共线"。

格里克和"马德堡半球实验"

为了验证大气压的存在,许多热心科学的人为大众做了各种各样的实验。其中,德国人格里克做的马德堡半球实验,用显而易见的事实让人们相信了大气有压力,这一著名的实验在当时曾轰动了欧洲。

格里克 1602 年生于德国马德堡市的一个富裕家庭。他 15 岁时进莱尼兹大学学习法律,20 岁毕业,他在研究法律之余,对于实验及数学等也有浓厚的兴趣。格里克大学毕业后,曾先后赴英、法两国留学,23 岁时回到故乡。当时的欧洲正卷入战争的旋涡之中,马德堡被攻占后,全市烧毁一空,格里克被敌人俘虏,经瑞典朋友的资助,始得赎身出狱。后来,在瑞典国王的帮助下,德国人收复了马德堡市。1646 年,格里克被选为该市市长。格里克就任之后,兢兢业业地工作,不遗余力地架建桥梁,建造要塞。同时,格里克仍不忘研究自然科学,在真空的研究中取了可喜的成就。

当时的科学界,创造真空是一个重要课题,格里克根据吸取式抽水机的原理,经过精心设计和试验,终于制造了活塞式抽气机。此后,格里克利用抽气机又做了许多关于真空和大气压强的实验。他发现，真空里的火焰会熄灭；鸟在真空里，难过地张开嘴，拼命吸气，一会儿便死去；鱼也会在真空中死去；葡萄在真空中能保持6个月不变质；等等。格里克曾将含有空气的猪膀胱，放入抽气机的钟罩里去，然后将钟罩中的空气抽去，便见到膀胱逐渐膨胀以至破裂。他又在玻璃容器中装入一只正在发出声音的钟，当将容器里的空气抽出后，就听不到声音了。由此证实，声音不能在真空里传播。

格里克还曾在一根10米多长的管子上接一段玻璃管，玻璃管里注入水，然后顶端封闭，把它做成水式气压计，即以水柱代替托里拆利管中的水银柱。他观察到，在天气变化时，水柱的高度会发生变化，从而利用这个仪器作天气预报。他制作了一个小木人浮在这个仪器的水面，小木人的手指指出了各个位置上的空气压强。格里克告诉人们：我们平时生活在空气中，每个人身上要受到20多吨重的大气压。他的这一论点使人惊讶，连许多科学家也不相信。为了证实这一点，格里克决定当着皇帝和众多观众的面做一个证明大气压强的实验。

1654年5月8日，格里克和助手做了两个直径30多厘米的半球，当众把这个黄铜的半球壳中间垫上橡皮圈；再把两个半球壳灌满水后合在一起；然后把水全部抽出，使球内形成真空；最后，把气嘴上的龙头拧紧封闭。这时，周围的大气把两个半球紧紧地压在一起。格里克一挥手，4个马夫牵来8匹高头大马，在球的两边各拴4匹。格里克一声令下，4个马夫扬鞭催马、背道而拉，好像在拔河似的。"加油！加油！"实验场上黑压压的人群一边整齐地喊着，一边打着拍子。4个马夫，8匹大马，都累得浑身是汗，但是，铜球仍是原封不动。格里克只好摇摇手暂停一下。然后，左右两队，人马倍增。马夫们喝了些开水，擦擦额头上的汗水，又在准备着第二次表现。格里克再一挥手，实验场上更是热闹非常。16匹大马，使劲拉，8个马夫在大声吆喝，挥鞭催马……实验场上的人群，更是伸长脖子，一个劲儿地看着，不时地发出"哗！哗！"的响声。突然，"啪！"的一声巨响，铜球分开成原来的两半，格里克举起这两个重重的半球自豪地向大家高声

宣告:"先生们!女士们!市民们!你们该相信了吧!大气压是有的,大气压力是大得这样厉害!这么惊人!……"

实验结束后,仍有些人不理解这两个半球为什么拉不开,七嘴八舌地问他,他又耐心地作着详尽的解释:"平时,我们将两个半球紧密合拢,无须用力,就会分开。这是因为球内球外都有大气压力的作用,相互抵消了。好像没有大气作用似的。今天,我把它抽成真空后,球内没有向外的大气压力了,只有球外大气紧紧地压住这两个半球……"

通过这次"大型实验",人们都终于相信:有真空;有大气;大气有压力;大气压很惊人。

格里克研究大气压强是独立进行的,等他证明了大气压强的存在以后,才知道托里拆利在11年以前已经用实验完成了这一发现。即便如此,人们也没有忘记格里克的功劳。为了纪念他,人们把他设计的两个金属半球称为"马德堡半球",把那次著名的实验称为"马德堡半球实验"。

知识链接 >>>

既然大气压力这么大,那我们平时怎么很轻松,丝毫没有任何感觉呢?原来,空气是从四面八方包围着一件东西的,它的压力也是均匀地从四面八方压向同一物体,我们人的身体是和外界相通的,身体内部也有空气,也有压力,这个由里向外的压力和外界的压力平衡,互相抵消了,所以我们身体就不再觉得受到压力了。

吉尔伯特与地球磁场

大家知道，人类居住的地球被一个巨大的磁场包围着。地球磁场和我们的生活密切相关。正是因为有了强大的磁场，地球才变得生机勃勃，欣欣向荣。人类很早就发现了磁场，我国四大发明之一的指南针就是根据地球磁场的原理设计的。在古希腊，人们把天然的磁石看作"圣石"，认为磁力十分神秘。直到1600年，才有一位叫威廉·吉尔伯特的英国人系统提出了地磁场理论概念。

吉尔伯特于1544年5月24日出生在英国科尔切斯特市一个大法官家里，年轻时就读于剑桥大学圣约翰学院，攻读医学，获医学博士学位。毕业后，他开始在伦敦开业行医。1581年进入皇家医学院工作，后来当了院长。在英国甚至在欧洲大陆，吉尔伯特是一个有很大成就和声誉的医生。由于他医术高明，1601年应召进宫，任伊丽莎白女王的御医，直到1603年去世。吉尔伯特起初研究过化学，后来花了20

年左右的时间,进行了关于电和磁的实验。

当时的人们已经对磁场有了一定的认识,与吉尔伯特同时代的诺尔曼就曾做过大量有关地球磁场的实验。诺尔曼曾经是一个有经验的领航员,当时最重要的导航仪器罗盘就是由他发明的。在多年的航海实践以及做实验的过程中,诺尔曼发现磁针所指示的北极和实际的北极有偏差,而且有下倾现象,另外他还发现磁力不具有重量。

吉尔伯特很善于借鉴前人的经验,并常常用实验来说话。为了验证磁针的偏角和下倾现象,吉尔伯特按照诺尔曼的方法,制成了一个球状磁石,进行了著名的"小地球"实验。它先在"小地球"上用罗盘针和粉笔画出了磁子午线,然后找出"小地球"的南极和北极,并且使用罗盘针在"小地球"上作观察。罗盘针指向了"小地球"的南北极,这种情形与罗盘针在地面上指向南北方向的情形是完全一致的。这个实验证明了诺尔曼所发现的磁针下倾现象的存在。

另外,吉尔伯特还发现表面不规则的磁石球,其磁子午线也是不规则的。由此,吉尔伯特认为罗盘针在地球上和正北方的偏离是由陆地所致,必须从地球内部去寻找地磁的原因。吉尔伯特首先提出磁场是磁化物体作用圈的概念。他认为,组成地壳和上地幔的岩石具有相当强的磁化能力,因此造成地球磁场的是地球物质的磁性,这就是地磁场的铁磁假说。此外,他还发现物体的磁化强度在物体加温到赤热程度时就会消失。吉尔伯特断言:地球的磁极与地理极几乎一致。磁偏角的大小取决于大陆和海洋的位置。海洋是非磁性的,大陆则可能由磁性物质形成。他还认为地球的磁力一直伸到天上,并使宇宙合为一体,引力无非就是磁力。

1600年,吉尔伯特对多年的研究成果进行了总结,写成了名著《论磁石、磁体和大磁铁——地球》一书,对地磁的成因做了理论上的阐述。这是第一部有关地磁的科学著作,书中的很多理论对后来的科学发展产生了巨大的影响。

自吉尔伯特以后,许多科学家继续对磁力进行研究,终于查明了磁力所具有的各种性质。现在看来,吉尔伯特的有些结论还下得过于武断。但

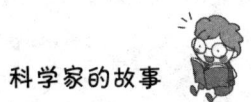

是，通过他的努力，地磁学在当时已经向一门独立的学科迈出了坚实的第一步。他关于地磁现象的研究为后来电磁学的产生和发展创造了条件，他也被后人誉为"磁学之父"。为了纪念他，电磁学中磁动势的单位"吉伯"就是以他的名字命名的。

知识链接 >>>

吉尔伯特是实验科学研究的开拓者之一，他一生做了许多实验进行科学研究。仅记录在《论磁石、磁体和大磁铁——地球》一书中的实验就多达600多个。因而他的工作被认为是用实验方法探索自然界和从理论上解释自然界相结合的最好范例。

伽利略与温度计

世界上很多物质都具有热胀冷缩的特性，水、空气、水银和酒精等在加热的情况下体积都会膨胀，而在变冷的情况下则会缩小。因此，在日常生活中，我们发现夏天的电线往下垂、冬天的电线绷得直；铁路的路轨夏天变长，冬天变短，中间空隙有大有小；踩瘪的乒乓球放到热水中，凹下去的地方一下子就复原了……这些都是热胀冷缩的缘故。人类很早就发现了这种现象，公元前3世纪就有人做实验来演示空气的热胀冷缩，然而谁都没有想到利用它来测量温度。最早利用这一特性来反映冷热程度的，是意大利物理学家、天文学家伽利略，他制作了世界上第一支温度计。

伽利略于1564年2月15日出生在意大利的比萨城。他从小就表现出强烈的求知欲望。大自然中的一草一木，天空中的星星、太阳，都能引起他极大的好奇。17岁那年，伽利略按照父亲的意愿，考上了比萨大学医科专业。在学习医学的过程中，伽利略认识到体温变化与人生病有很大的关系，也就是说，通过了解人的体温，有助于确定其身体状态。可在当时，医生只能用手触摸病人，凭感觉来推测人体的大致温度。这种方法显然容易产生误差，并不精确。伽利略想：能不能发明一种可以精确地测出病人体温的仪器呢？于是，伽利略开始构思这种新仪器的使用原理。

一天，伽利略在沉思之中，看到一位小孩正在玩一种玩具。这种玩具据说是古希腊人发明的，它的结构很简单：在U形的玻璃管里装一半水，将弯管的一端用铅球密封，另一端用玻璃球密封，使管中的空气跑不出来。玩的时候，在铅球下加热，U形管中的水就会向回退缩；移开铅球下的火源，铅球冷却，水就会升到原来的位置。伽利略看着看着，产生了一个新的想法："为什么不根据热胀冷缩的现象来制作呢？"于是，伽利略便对热胀冷缩现象进行进一步的研究，并在此基础上设计了许多方案，但这些方案后来都被他一一淘汰了。

一晃十多年过去了，在这期间，伽利略当然不仅仅考虑温度计一件事，他发现了摆动定律，可以使机械钟走得更准确；他在比萨斜塔上做了著名的落体实验；他还离开比萨大学，受聘为帕多瓦大学的教授。在帕多瓦大学，伽利略白天教书，晚上同学生们讨论学问，然后再回到自己家里休息。说是休息，其实他还要做实验、制仪器，天天如此。

1593年，伽利略终于发明制作出了第一支空气温度计。这种仪器结构非常简单，但以前从未有人想到过：它是一个充满水的玻璃管，里面有几个漂浮的泡泡，这些泡泡是充满有色液体混合物的玻璃球。这种液体混合物可能含有酒精，也可能只是含有食品色素的水。每个玻璃泡都与一个指示温度的小金属标签相连，标签上刻有一个数字和温度符号。事实上这些金属标签都是经过校准的平衡物，每个标签的重量都与其他的稍有不同。由于这些玻璃泡都是手工吹制成的，它们的大小和形状不完全一样。这些玻璃泡是通过向其中加入一定量的液体，使其具有完全相同的密度的方式来进行校准的。因此，在连接上经过配重的标签后，每个玻璃泡的密度与其他玻璃泡都略有不同，而所有玻璃泡的密度都十分接近于围绕着它们的水的密度。它的基本原理就是随着温度计外空气温度的变化，围绕着玻璃

泡的水的温度也会发生变化。而随着水温的变化，水会膨胀或收缩，其密度由此发生改变。所以，在任何一个给定的密度下，有些玻璃泡会浮上来，而其他的则会下沉，下沉最多的玻璃泡即指示了当前的大约温度。

伽利略的空气温度计虽能测定温度，但人们发现它的测定结果并不精确。我们知道，空气受气压、温度等许多因素的影响，所以用空气做的温度计不可能很精确，它只能粗略地反映出温度的变化程度。这时，伽利略手头的其他研究工作十分繁忙，没有精力对空气温度计进行改进。他的学生斐迪南在老师的指导下，决定用液体代替空气温度计中的空气。1654年，斐迪南经过对各种液体的试验之后，研制出了世界上第一支酒精温度计，可是，经过一段时间的使用，人们发现，酒精温度计也存在不足之处，当用它测开水的温度时，温度计内一片模糊。原来，水的沸点是100℃，酒精的沸点是78℃，因此将酒精温度计置于开水之中时，酒精早已变成气体了。显然，只有用高沸点的液体代替酒精，才能解决这一问题。1659年，法国天文学家布里奥利用水银沸点较高的特性，制成了水银温度计，现代意义上的实用温度计就这样诞生了。

现在，虽然伽利略温度计早已被淘汰，成为了一种装饰物，但伽利略在测量温度方面所做的贡献仍然为后世所推崇。

知识链接 >>>

伽利略是利用望远镜观测天体取得大量成果的第一位科学家。他观察到土星光环、太阳黑子、月球山岭、金星和水星的盈亏、木星的卫星、金星的周相等现象，他从实验中总结出自由落体定律、惯性定律和伽利略相对性原理等，从而推翻了亚里士多德物理学的许多臆断，奠定了经典力学的基础。他反驳了托勒密的地心体系，有力地支持了哥白尼的日心学说。

"计温术之父"华伦海特

从伽利略制造出世界上第一支空气温度计起,许多人都试图造出更好的温度计。尽管在原理上大家都是根据液体和气体的热胀冷缩,但他们在技术上始终没有摆脱这样一些因素的困扰:一是大气压变化影响温度的显示,如同样是对人体体温的测试,在山脚和山顶却差异很大;二是对固定温度的选择,因为没有统一的权威性的标准,使得温度的数值概念异常模糊,如同样是对化冰时气温的测量,由于固定点的选择不同,结果出现许多不同的温度数值。第一个真正解决这些难题的人,是荷兰物理学家华伦海特。

华伦海特1686年生于波兰的格但斯克。10多岁的时候,华伦海特的父母突然去世,他的保护人送他到荷兰阿姆斯特丹学习制作科学仪器。不久,华伦海特成了一个吹玻璃的工人。经过在阿姆斯特丹的多年训练后,他定居海牙,开始从事玻璃制品的吹制和贸易。

华伦海特对物理学很有兴趣,曾先后前往柏林、莱比锡、德累斯顿、

哈勒等地，通过参观学者及工匠的操作，学到了不少技术。就是在这个时期，华伦海特亲眼目睹了法国人阿蒙顿设计制作的温度计，这个温度计的外形是一个U形管，U形管较短的一臂带有一个空气玻璃泡，较长的一臂中注入水银，以水银面的高度来指示温度。显然，这个温度计的感温介质是空气，与伽利略的发明一样。另外，阿蒙顿选择水的沸点作为固定点，这个选择也谈不上新鲜。但正是受到阿蒙顿的研究的启发，华伦海特开始研究温度计的精确结构，并对各种液体的沸点进行系统的观察研究，试图制作温度计出售。不久，他就得到一个结论：液体都有一个固有的沸点。后来，他又发现沸点并非恒定不变，而是随着大气压强的变化而变化。

华伦海特通过实验研究，决定放弃把水的沸点作为固定点的想法。但是，没有固定点就不能制作统一的、能被大众接受的温度计。显然，必须找到一个新的固定点，他阅读了一些前人的有关制作温度计的记录，发现意大利人曾经把奶牛或鹿的体温作为较高的一个温度的固定点。前人的尝试使他受到启发，他想，人体的体温也许是个恒点，他在自己身上连续做了多次观测实验后，指出人体的体温是一个较好的温度的固定点。

1709年，华伦海特设计制作了一支酒精温度计。他采用了3种在当时技术条件下十分重要的温度作为标记刻度的依据。首先，他将水、冰和氯化铵混合，达到了当时所能记录到的最低温度，将其定为0度。然后他又将水的冰点定为32度，最后将人的体温定为96度。5年后，华伦海特又改用水银作测温物质，制成了水银温度计。这一次，他改将水的沸点作为温度计的上限，定为212度，这样，他可以将水的冰点和沸点之间划分为180度，同时又使得人体体温接近100这个整数。华伦海特制定的这种温度标准被称为华氏温标，用"F"表示。华氏温标的出现，使温度测量第一次有了统一的标准。

在华伦海特设计制造温度计过程中，他还研究了液体的沸点与压强和溶于其中的盐的含量关系，成功设计出了带气压表的温度计。除此之外，华伦海特对计温术的最大贡献，还在于他在温度计中使用了水银。尽管早在他之前，就有人用过水银，但华伦海特的成功在于他发明了净化水银的

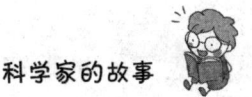

方法，使水银作为测温物质的优越性真正显露了出来。正是由于这些贡献，华伦海特赢得了"计温术之父"的美誉。

知识链接 >>>

在华伦海特之后，瑞典的摄尔修斯制造了一支水银温度计，并再次制订了温度标准，他把冰的溶解温度定为0度，把水的沸腾温度定为100度，这就是现在通用的摄氏温度标准。但时至今日，美国等一些国家仍然在日常生活中使用华氏温度。

胡克与气象仪器

我们每天都能从电台、电视台知道当天的天气情况和以后几天的天气预报，包括温度、风向和风力、雨情和雨量，有的还会告诉我们大气中的湿度。当然，这些"情报"全都来自气象台。可是，你知道气象台是如何获得这些"情报"的吗？当然得靠仪器：用温度计测温度，用风速计测风速，用雨量筒测量雨量，用湿度计测湿度等。在几种气象仪器的发明过程中，涌现出了一大批发明家，其中也包括17世纪英国最伟大的科学仪器发明家和设计者罗伯特·胡克。

胡克1635年7月18日出生于英格兰南部威特岛的弗雷斯沃特。父亲是当地的教区牧师。胡克从小体弱多病，性格怪僻，不能按时上学。但他心灵手巧，喜欢动手做机械方面的玩具。10岁时，胡克对机械学发生了强烈的兴趣，为日后在实验物理学方面的发展打下了良好的基础。1648年，胡克的父亲逝世后，家道中落。13岁的胡克被送到伦敦一个油画匠家里当学徒。后来，在热心人帮助下，胡克修完了中学课程。1653年，胡克进入牛津大学学习。在这里,他结识了一些颇有才华的科学界人士,这些人后来大都成为英国皇家学会的骨干。

由于出色的实验才能,1662 年,胡克被任命为皇家学会的实验主持人,为每次聚会安排三四个实验。他通过实地考察以及实验,进行了许多有关地质、地震、海洋等方面的研究。

1665 年,30 岁的胡克被推荐给当时英国著名化学家波义耳当助手,在波义耳的实验室工作。胡克在仪器的制造和改进方面的特长,正是在这时显露出来的。他协助波义耳 3 次改进了空气泵。第三次改进后的抽气机已具备现代真空泵的雏形,其动力是靠司泵人用脚踏滑轮两边活塞上的蹬板来提供的。利用这一设备,波义耳和胡克完成了气体的波义耳定律实验。除了改进空气泵之外,胡克还制造了显微镜,改进了望远镜。世界上第一台显微镜是 1604 年由荷兰的一个眼镜商人发明的。胡克通过自己的巧手使它更加完善了,而且创造出了当时世界上最好的复式显微镜。通过显微镜,胡克发现了"细胞",成为了最早研究植物细胞的科学家之一。

在进行各种仪器的设计时,胡克也接触到了气象仪器。世界上第一台用于测量风速的"风速计"就是由胡克发明的。这台仪器的关键是一块很轻的木板,这块木板可以自由摆动,当风吹来时,这块木板就在一个分度标尺上移动,这样就记录下了风的速度。

1695 年,发明风速计的胡克又设计了一种雨量计,它是一个玻璃漏斗,安装在一个木架上,漏斗的下端伸进一个较大的容器内。在漏斗上,有两根绳子将它牢牢地固定在木架上,以防被风吹动。所收集的雨水用秤称量就可以了。

在胡克发明的气象仪器中,最著名的要数胡克轮式气压计了。它由一个泡、一根管子、一根 U 形虹吸管以及一个带刻度的圆环组成,上面有一根指针,有点像钟表上的盘一样。利用这种奇特的装置,放在 U 形虹吸管内的水银面高度如果有任何微小的变化,那么,就会由小指针的旋转运动明显表示出来。后来,胡克又想了一个方法,用更加简便的结构制造了轮式气压计。

1703年，胡克在伦敦病逝，享年68岁。胡克是一个全才式的人物，对当时的天文学、物理学、生物学、化学、气象学、钟表和机械、生理学等学科都做出过重要贡献，因此被誉为"英国的达·芬奇"。

知识链接 >>>

在《地震讲义》和《关于地面经常发现贝壳和其他海栖动物残骸的原因》等论著中，胡克强烈反对《圣经》中的神创论。他提出了地貌变化的思想，并且认为由于地貌变化引起了生物的变化，化石则是古动物的残骸，是地球演变史中的"纪念碑"，人们可以根据这些化石，认识地球的历史。胡克在进化论出现以前提出这些观点是可贵的。

拉瓦锡揭示氧气奥秘

我们知道，空气是多种气体的混合物，其中的氧气是人体进行新陈代谢的关键物质，是人体生命活动的第一需要。最早在空气中发现氧气的，是法国化学家拉瓦锡。

拉瓦锡1743年8月26日出生于巴黎一个富裕的律师家庭。5岁那年他母亲因病去世，从此他在姨母照料下生活。11岁时，他进入当时巴黎的名校——马沙兰学校。21岁，他取得律师的资格。他的家庭打算让他继承父业，成为一个开业律师，然而在大学里他已对自然科学产生了浓厚的兴趣，主动拜一些著名学者为师，学习数学、天文、植物学、地质矿物学和化学。从20岁开始，他坚持每天做气象观测，假期还跟随一名地质学家到各地作地质考察旅行。

1765年，法国科学院以重奖征集一种使路灯既明亮又经济的设计方案，22岁的拉瓦锡勇敢地参加了竞赛。他的设计虽然未获得奖金，但被评为优秀方案，荣获国王颁发的金质奖章，这项活动给崭露头角的拉瓦锡以很大的鼓舞，使他更热情地投入科学研究的事业中，同时他的科研才华也

开始引起了科学界的注目。1768 年他被任命为法国皇家科学院的副会员，逐渐成为科学界乃至政界的一位新星。

1768 年，拉瓦锡选择的一个研究课题是验证水能否变成土。在当时，许多人都相信水能变成土。人们也时常发现在容器中煮沸水，时间长了总会有沉淀物生成。然而，对于这种解释，拉瓦锡一直持怀疑态度。他是一个善于独立思考的人，不经过自己的实验验证的东西，决不轻信。为此，他设计了一个验证实验。他采用一种欧洲炼金术中使用过的很特别的蒸馏器。这种蒸馏器能使蒸馏物被反复蒸馏。他将蒸馏器称重，然后加入一定重量的经过 3 次蒸馏的蒸馏水。密封后点火加热，保持微热，同时进行观察。两周过去了，水还是清的。第三周周末开始出现很小一点固体，随后慢慢变大，第八周固体因增长而沉淀下来。就这样连续加热了 101 天，蒸馏器中的确产生了固体沉淀物，冷却后，他首先称了总重量，发现总重量与加热前相比没有变化。他又分别对水、沉淀物、蒸馏器进行称量，结果是水的重量没变，沉淀物的重量恰好等于蒸馏器所减少的重量。据此，拉瓦锡写论文驳斥了水转化为土的谬说。

1772 年 9 月，拉瓦锡开始对燃烧现象进行研究。早在 1702 年，德国化学家斯塔尔认为金属在煅烧中放出了燃素，而后产生了金属灰。斯塔尔的"燃素说"出现之后很快被化学界接受，成为 18 世纪占统治地位的化学理论。拉瓦锡在研究了化学史的概况和前辈化学家的成果之后，对"燃素说"提出了质疑，并决心揭开真相。首先他对磷、硫等易燃物的燃烧进行观察和测定，他发现磷、硫在燃烧中增重是由于吸收了空气。于是他想到，金属在煅烧中增重，是否出于同一原因？1774 年，他做了煅烧金属的实验。他将已知重量的锡放入曲颈瓶中，密封后称其总重量，然后经过充分加热使锡灰化。待冷却后，称其总重量，确认其总重量没有变化。而后在曲颈瓶上穿一小孔，发现瓶外空气带着响声冲进瓶内，再称其总重量和金属灰的重量，发现总重量增加的值恰好等于锡变成锡灰后的增重。拉瓦锡又对铅、铁等金属进行了同样的煅烧实验，得到相同的结论。由此，拉瓦锡认为燃烧金属的增重是金属与空气的一部分相结合的结果。那么，与金属相

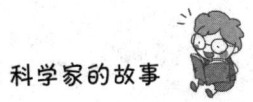

结合的空气成分又是什么呢?

1774年10月,英国化学家普利斯特列访问巴黎。在拉瓦锡举行的欢迎宴会上,普利斯特列告诉拉瓦锡,在3个月前,他曾在加热水银灰的实验中发现一种具有显著助燃作用的气体。这信息给拉瓦锡以启示,他立即着手汞灰的合成和分解。实验使拉瓦锡确信,燃烧中与金属相结合的绝不是燃素,可能是最纯净的空气。

1775年末,普利斯特列发表了关于氧元素的论文后,拉瓦锡恍然大悟,原来这种特殊物质是一种新的气体元素。随后,他对这种新的气体元素的特质进行了认真的考察,确认这种元素除了助燃、助呼吸外,还能与许多非金属物质结合,生成各种酸,为此他把这种元素命名为"酸素"。对氧气作了系统研究后,拉瓦锡明确地指出:空气本身不是元素,而是混合物,它主要由氧气和氮气组成。1778年他进而提出,燃烧过程在任何情况下,都是可燃物质与氧的化合,可燃物质在燃烧过程中吸收了氧而增重,所谓的"燃素"实际上是不存在的。拉瓦锡关于燃烧的氧化学说终于使人们认清了燃烧的本质,并从此取代了燃素学说,统一地解释了许多化学反应的实验事实,为化学发展奠定了重要的基础。因此,氧气的发现在化学发展史上被认为是一个很重要的里程碑。

就在拉瓦锡在科学研究上取得一个又一个的重要进展时,1789年法国爆发了资产阶级大革命,包括拉瓦锡在内的60人组成的征税承包商集团成为了革命的对象。1793年,革命政权逮捕了包括拉瓦锡在内的包税商。1794年5月8日,拉瓦锡从容不迫地上了断头台。一位杰出的科学家正当他事业兴旺时,落得这样一个可悲的结局,当时和后来的许多人都对此深感惋惜。

知识链接 >>>

氮气早在1772年就被发现了,但却被赋予了一个错误的名称——"废气",意思是"用过的气",也就是没有燃素的气,因此不会再被用作燃烧的气。拉瓦锡却发现这种气体实际上是由一种被称为氮的气体构成的，因为它"无活力"。后来，他又识别出了氢气，这个名称的意思是"成水的元素"。拉瓦锡还研究过生命的过程，他认为，从化学的观点看，物质燃烧和动物的呼吸同属于空气中氧所参与的氧化作用。

毛发湿度计发明者索绪尔

我们常常用"冷、热、干、湿"四个字来说明周围大气的情况,"冷、热"指的是温度,"干、湿"指的便是湿度。湿度代表着空气中水蒸气的含量,往往跟下雨等自然现象有着密切的联系,因而很早就受到了人类的关注。能不能制造一种像温度计一样的湿度计,一看上面的刻度就知道大气干湿的程度呢?按照这个思路,瑞士人索绪尔设计发明出了世界上第一支具有应用价值的湿度计。

索绪尔是18世纪瑞士著名的植物学家、物理学家。他对地质学、气象学也具有浓厚的兴趣,是冰川研究的先驱者之一。为了研究各种植物随高度变化的分带情况,索绪尔曾多次登上阿尔卑斯山,并将所见所闻记录到了《阿尔卑斯山旅行记》一书中。在索绪尔进行各种科学研究的过程中,自然离不开对气候的研究。除了温度之外,湿度是一个主要的研究项目。"要是有一种像温度计那样的湿度计就好了,我可以随身携带,测量阿尔卑斯山上各处的湿度了。"索绪尔在撰写《阿尔卑斯山旅行记》一书时,常常闪出这样的念头。

在索绪尔生活的时代，人们对于湿度计的研究已经走过了漫长的发展历程。早在15世纪，大发明家达·芬奇就已经想到要对空气湿度进行测量了。当时人们已经知道，干燥空气和潮湿空气中所含水分的数量是不同的。因此，达·芬奇设想用干棉花吸入空气中的水分，然后根据它的重量来测量湿度，他设计了一种一看就明白的湿度装置：在一根直棍正中，吊上一根线绳，棍的两端各挂上一个重量相同的球，一头的球涂上蜡，另一头贴上棉花，并使两侧重量仍相同。然后将它放在潮湿的空气里，蜡不会吸水，但棉花却因吸进水分而变重，放着棉花的一端，便渐渐下降，直棍往下倾斜，其倾斜角度对应的角度刻度，就是表示湿度的数字。显然这种湿度计很不精确，误差很大，没有什么实用价值。但是，它却起到了抛砖引玉的作用。后来，一个叫布兰德的德国人发明出了绳子湿度计，它其实就是一根下系重物、上端固定的绳子，绳子背后标了一些刻度，可以表示它长度的变化。我们可以想象，这种绳子湿度计的更不精确，只有在大气干湿变化悬殊时，它才会有一点点变化。

索绪尔十分关注布兰德的发明，他知道，要制成理想的湿度计，必须找到理想的材料。确定了主攻方向后，索绪尔便开始大量收集用来制作湿度计的材料。只要他看到的或者他想到的，他都要找来。很快，他的研究室里堆满了各种材料。接着，索绪尔先在几种材料上洒水，然后测量它们的长度，并做记录。之后，把它们放在太阳光下晒。待晒干后，再测量它们的长度。这样比较一种材料在潮湿时和干燥时的长度差异，就可以看出这种材料对于湿变化的敏感度。索绪尔夜以继日地工作。遗憾的是，将所有收集到的材料都检测了，仍没有找到合适的材料。

由于过度疲劳，索绪尔脸色苍白，身体瘦了许多，但他顾不得自己的身体，仍然在实验室工作。1775年的一天，索绪尔的妻子来到实验室看望丈夫，提醒他要注意身体并理一理头发。"头发？"索绪尔像想起了什么似的，眼睛直盯着妻子的秀发。"我的头发怎么了？"妻子不解地问。"不，你的头发很漂亮，也许，它还能帮我的忙！"索绪尔说着，用剪刀剪下妻子的几根头发。他马上对头发的干湿变化进行研究。他惊奇地发现，头发在受

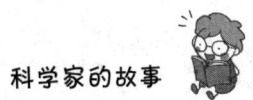

潮时伸长，干燥时缩短，这种长度变化可达1/40左右。由此，索绪尔发明了毛发湿度计：它的下端由螺丝夹住，上端则夹在一个圆筒上，毛发的伸缩会使圆筒旋转，从而带动一个指针转动。

索绪尔发现，这种毛发湿度计太脆弱了，外出考察携带很不安全。因此，他又设计了第二种毛发湿度计，这种新的湿度计虽然不及第一种灵敏，但却便于携带。

索绪尔发明的毛发湿度计不但为他的地质研究工作立下了汗马功劳，而且还是现在人们使用的自记湿度计和家庭用湿度计的雏形。

知识链接 >>>

毛发湿度计的基本原理是毛发孔隙吸附水蒸气而引起毛发长度的变化，毛发孔隙及其孔隙表面对水蒸气分子的吸附情况决定其特性好坏。人的毛发经脱脂处理后，表面贯穿着许多微孔，这些微孔吸附了周围环境中的水蒸气，在微孔中形成弯月面并产生表面张力。当空气中的水汽达到饱和时，弯月面表面张力达到最大，毛发伸长到最大位置；随着空气中水蒸气的蒸发，相对湿度降低，一部分水从毛孔中蒸发，毛孔中的弯月面变成凹形，表面张力纵向分力减少，毛发就收缩。空气湿度的变化引起微孔弹性壁的形变，形成毛发长度的变化。

舍恩拜因发现臭氧

臭氧很早就被人发现了。在自然界中,每当有雷鸣闪电,就能闻到一种臭味,这就是人类最早对臭氧的认识。制成臭氧并为之命名的,是18世纪德国化学家舍恩拜因。

舍恩拜因1799年生于德国西南部的符腾堡。大学毕业后,他进入瑞士的巴塞尔大学任教。1840年的一天,舍恩拜因走进自己的实验室,准备开始工作。这时,他忽然闻到一股气味。啊,多么熟悉的气味!舍恩拜因立刻被带进了童年的回忆。那时候,舍恩拜因还是一个勇敢而又顽皮的孩子。一次,他在离家挺远的野地里同几个小伙伴玩捉迷藏。他们正玩得高兴,天气骤变,翻滚的黑云压了上来,天空闪过几道亮光,接着雷声大作,"轰隆隆、轰隆隆",怪吓人的。直到暴雨如瓢泼般倾泻下来时,惊恐的孩子们才明白过来,他们赶紧跑到附近的一个草棚去躲雨。雷声越来越响,闪电像银蛇般在空中舞动,忽然,"轰"的一声巨响,远处一座高大的教堂被雷电击倒了。孩子们忘记了害怕,他们冲出草棚,拔腿朝教堂跑去。教堂里烟雾弥漫,到处是瓦砾和砖块,空气中还有一股刺鼻的臭味。大人们都惶恐地说:"啊!这是魔鬼进到教堂里了。"可是,舍恩拜因却不相信,因为他早就注意到,每次电闪雷鸣之后,都能闻到这种味儿,舍恩拜因还给它取了个名字,叫"电气"。只是,那天教堂里的气味,比平时闻到的要浓烈得多。

时间虽然已经过去28年了,可那种特殊的气味舍恩拜因却忘不掉。今天,他刚进实验室,就又闻到了"电气"。出于童年时代的好奇心和一个化学家的敏感,舍恩拜因感到必须尽快搞清这气味的来龙去脉。

毫无疑问,产生这气味的物质肯定就在实验室里。舍恩拜因赶紧关闭了门窗,开始一处一处地搜寻起来。很快他便发现,那"电气"是从电解水的水槽中散发出来的。舍恩拜因想:水是由氢、氧两种元素组成的,电解水时,会产生氢气和氧气。可是氢气和氧气是没有气味的,现在却出现一种奇怪的气味,那么,难道电解水时,同时还生成了其他的物质吗?

带着这个疑问,舍恩拜因开始了他的研究。后来他发现氯和溴也带有"电气"的味道。1844年,他又发现白磷在空气中发光氧化时也产生这种臭味,更发现它能将碘化钾中的碘释放出来,并能将二价亚铁盐氧化成三价铁盐。开始,舍恩拜因认为氮气是这种气体和氢气的化合物,在经过反复实验后,他终于收集到了有臭味的"电气",并进行了深入的研究。1854年,舍恩拜因对研究成果进行了总结并发表论文指出:氧气中除了普通的氧气外,还有一种"变臭了"的氧气——臭氧。

现在我们已经知道,臭氧分子是由3个氧原子组成的,比普通氧气分子多1个氧原子。打雷闪电时,空气中的氧气受到放电的作用以后,有一部分转变为臭氧;电解水时,阳极上生成的氧气受到电流的作用,也有一部分转变为臭氧,这就是舍恩拜因闻到的"电气"。少量的臭氧能使空气清爽,雷雨之后空气格外新鲜,就是这个道理。

臭氧大部分存在于地球的上空,能吸收太阳辐射的短波射线,保护地球上的生命不受危害。但在大气层底部的臭氧却是一种污染源。当臭氧达到一定浓度之后,会对人体造成严重的伤害。人们吸入臭氧之后,臭氧就会因为其强氧化作用而对呼吸道形成烧灼感,造成呼吸系统充血或发炎。

科学家的故事

布兰德斯的天气图

气象部门要分析和预报天气，必须要借助一种重要的工具——天气图。这是一种填有各地同一时间气象要素的特制地图，它上面密密麻麻地填满了各式各样的天气符号，这些符号都是根据各地传来的气象电码翻译后填写的。每种符号代表一种天气要素的测量值或一种天气现象，所有这些符号都按统一规定的格式填写在各自的地理位置上，这样就可以把广大地区在同一时间观测到的气象要素，如风、温度、湿度、气压、云以及阴、晴、雨、雪等统统填在一张天气图上，从而构成一张张代表不同时刻的天气图。有了这些天气图，预报人员

就可以进一步分析加工，并将分析结果用不同颜色的线条和符号表示出来，从而揭示主要的天气系统、天气现象的分布特征和相互的关系。绘制出第一张天气图的，是德国物理学家布兰德斯。

布兰德斯生于1777年，早年，他曾攻读物理学。30多岁的时候，布兰德斯开始担任德国布雷斯劳大学（今波兰弗罗茨瓦夫大学）教授。此后，他的兴趣开始转向气象学研究。当时，由于物理学和化学的发展，温度、气

压、风和湿度等测量仪器的陆续被发明，氮、氧等元素的相继被发现，为人类定量地认识大气的组成、大气的运动等创造了条件。于是，气象研究开始由单纯定性的描述进入了可以定量分析的阶段。布兰德斯从1816年起开始研究1783—1795年间曼海姆气象学会的观测记录，绘制出了这些年间的每天综观气象图，将各地的气压和风向值填入地图，并绘出等压线，以研究云量、风和气压系统之间的关系。1820年，他绘制了世界上第一张天气图和说明书。根据对天气图的分析，布兰德斯认为，风向与气压的高低有关，并且认为高气压区一般天气良好，低气压区一般天气恶劣。由于当时没有电报和电话之类的信息传递工具，各气象站之间的资料交换只能靠邮运，所以布兰德斯的这一技术没能立即用于天气预报。

经过100多年的发展，研究人员使用的天气图一般分为地面天气图和高空天气图。其中，地面天气图是用来分析某一地区某时的地面天气系统和大气状况的图。这种天气图综合表示了某一时刻地面锋面、气旋、反气旋等天气系统和雷暴、降水、雾、大风和冰雹等天气所在的位置及其影响的范围。世界上第一张地面天气图是1851年由英国科学家格莱舍利用电报收集各地气象资料而绘制的。高空天气图是用于分析高空天气系统和大气状况的图。这种图上填有位势高度、温度、温度露点差、风向、风速等观测记录。通过分析等高线、等温线并标注各类天气系统，可反映高空低压槽、高压脊、切断低压和阻塞高压等天气系统的位置和影响的范围。20世纪30年代，世界上建立高空观测网之后，才出现了高空天气图。

天气图的出现开创了近代天气分析和天气预报方法，是近代气象学研究起点的标志，布兰德斯也因此被誉为气象学的先驱。

知识链接 >>>

卫星的使用，使人们能从太空对地球及其大气层进行气象观测。卫星所载各种气象遥感器，接收和测量地球及其大气层的可见光、红外和微波辐射，并将其转换成电信号传送给地面站。地面站将卫

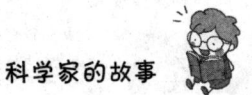

星传来的电信号复原,绘制成各种云层、地表和海面图片,再经进一步处理和计算,得出各种气象资料。气象卫星观测范围广,观测次数多,观测时效快,观测数据质量高,不受自然条件和地域条件限制,它所提供的气象信息已广泛应用于日常气象业务、环境监测、防灾减灾、大气科学、海洋学和水文学的研究。

勒威耶与天气预报

气象学是一门与人民生产生活关系极为密切的实用科学。从生活来说，今天出门带不带伞，加不加件衣服，要听听天气预报；从生产来说，预先知道了台风，渔民就不出港，可以避免生命财产的损失；从军事上说，气象更是克敌制胜的重要因素。有时，一个准确的天气预报，可避免难以计数的损失。但对天气做出准确预报，不是一件容易的事。虽然古代劳动人民为战胜自然灾害在气象方面积累了大量宝贵经验，但真正使气象知识上升为科学，并能依此做出较准确预报的，是19世纪中叶的法国科学家勒威耶。

勒威耶1811年3月11日生于诺曼底的圣洛。1831年从巴黎工艺学院毕业后，在著名物理学家吕萨克指导下从事化学实验工作。1837年任母校天文教师，开始研究天体力学。1845年，勒威耶正在从事天王星轨道理论研究工作，当时的巴黎天文台台长建议他研究天王星运动的反常问题。勒威耶利用有关天王星的18次观测资料，通过求解33个方程，于1846年

8月31日计算出对天王星起摄动作用的未知行星的轨道和质量,并且预测了它的位置。他将计算结果呈送给法国科学院,与此同时他还写信给当时拥有较大望远镜的几个天文学家,请求帮助观测。他的工作在法国同行中受到了冷遇,但是却引起了柏林天文台副台长、天文学家伽勒的注意。1846年9月18日伽勒收到勒威耶信的当天晚上,就观测搜寻,仅用一个半小时,就在偏离勒威耶预言的位置不远处观测到了这颗当时星图上没有的星。当时人们把这颗星称为"勒威耶星",而勒威耶建议称为"海王星"。这一发现肯定了牛顿万有引力定律的正确性。

勒威耶曾两度出任巴黎天文台台长,在这个位置上干了20多年。除了在天文学研究方面取得了丰硕的成果之外,勒威耶的气象学造诣也很深,是现代气象学的先驱者之一。

1853—1856年间,英法两国同俄国展开了瓜分土耳其的大战,军事学家将其称为克里木战争或东方战争。1854年11月14日,双方战场所在的黑海海面,突然出现了强大的风暴,在英法联军失利的情况下,狂风恶浪又将法国旗舰"亨利"4号无情地吞没,致使联军大败。对此,法国国王拿破仑三世非常恼火,下令让时任巴黎天文台台长的勒威耶报告这场风暴的起因。勒威耶接到命令后,立即用电报联系各国的气象学家,向他们索要当时各地的气象报告。但是,怎样归纳这些资料,并简明扼要地向拿破仑三世说明风暴的成因呢?此前的1820年,德国科学家布兰德斯曾根据气象观测档案将1783年各地的气压和风描绘在一张地图上,来说明气压和风的关系,勒威耶决定也采用这种办法。很快,各地的11月12—16日的气象资料就汇集到勒威耶的手里。他凭着这些资料绘制了一张图,发现这次风暴是从西北向东南移动的,11月12—13日它还在西班牙和法国西部,14日就东移到了黑海地区,造成了联军舰队的溃败。勒威耶带着这张图向拿破仑三世汇报了他的分析结果。勒威耶认为,如能事先知道风暴的所在位置和移动方向,就可能预报出它们未来可能到达的地区,从而避免遭受损失。但怎样对变化无常的天气进行预报呢?

1820年,德国的布兰德斯绘制成世界上第一张天气图;1851年,英国

的格莱舍利用电报传送的气象资料，绘制出近时天气图。可是，这两张天气图都未曾用于天气预报的实践。经过认真的分析，勒威耶提出，将气象观测、电报传输、天气图填绘和天气系统分析等环节联系起来，在法国和世界各地组织气象台站网，各个台站每天定时观测当地气象，并将数据用电报传送到一起，再以数字和符号形式填写到特制地图的各站点位置上，绘制成天气图。只要全面、连续地分析天气图，便能做出天气预报。

勒威耶的思路和他所提出的方案，使天气图开始真正用于天气预报实践，从根本上推动了天气预报业务的开展。法国首先在1856年建成气象观测网，1860年创立风暴警报业务，随后气象观测网在欧洲和世界各地广泛建立。19世纪中期以后，法、英、德等国先后在中国的上海、香港和青岛设立气象台。1924年被中国收回主权的青岛观象台，率先在中国开展利用天气图进行天气预报的工作。

气象台将每日数次的地面和高空天气图结合起来，这样从海平面往上直至万米左右高度内的气象情况及天气系统便一目了然。前后连续，就可以知道它们的强度变化及移动路径，然后根据有关理论，就能发出天气预报。这种天气预报的方法被称为"天气图预报法"。近几十年，尽管以计算机为工具的"数值天气预报法"如雨后春笋般地涌现出来，但勒威耶创立的"天气图预报法"，仍然是气象预报中最常使用的基本方法之一。

知识链接

卫星云图是由气象卫星自上而下观测到的地球上的云层覆盖和地表面特征的图像。目前接收的云图主要有红外云图、可见光云图及水汽图等。利用卫星云图可以识别不同的天气系统，确定它们的位置，估计其强度和发展趋势，为天气分析和天气预报提供依据。在海洋、沙漠、高原等缺少气象观测台站的地区，卫星云图所提供的资料，弥补了常规探测资料的不足，对提高预报准确率起了重要作用。

环保先驱梭罗

1830年，美国马萨诸塞州康科德城的一帮文化人成立了一个超验主义者俱乐部。他们倡导一种崭新的文化，即在文化上不再吃欧洲人的残羹剩菜，主张自立，通过自然直接与上帝对话。在这些作家中，一位名叫梭罗的年轻人写出了被后人奉为美国现代文学经典的《瓦尔登湖》一书，始料未及的是，该书后来还被看作环保主义的宣言书，而梭罗也理所当然地成为现代环保主义运动的鼻祖。

梭罗1817年生于马萨诸塞州康科德城，1837年毕业于哈佛大学。离开大学以后，梭罗和他的哥哥共同任教于一所私立学校，但不久便辞职了。他的父亲是一位铅笔制造商，由于梭罗相信自己制作出的铅笔能够比当时使用的更好，他在一段时间曾专注于铅笔制造。完成试验后，梭罗向波士顿的化学家和艺术家展示自己的产品。他的产品可以与当时伦敦制造的最好产品相媲美，其优质表现取得了专家们颁发的证书。梭罗满意地回家后，朋友们祝贺他找到了敛财之道，但是他却放弃了铅笔制造，重新开始了他无止境的漫游和学习。

1841年，梭罗住到了大作家、思想家爱默生的家里，当门徒又当助手，并开始尝试写作。1845年3月，梭罗孤身一人跑进了无人居住的瓦尔登湖边的山林中，自己砍树，在瓦尔登湖畔建造了一个小木屋。他在小木屋周围种豆、萝卜、玉米和马铃薯，然后拿到村子里去换大米。在瓦尔登湖畔，梭罗过着那种近似原始的、极其简朴的生活。每天，他都要把自己的观察、体验以及思考、感触写在日记中。同时，他有充裕的时间用来思考自然，思考人类自身，思考那些在繁华都市中无从想象的东西。

1847年，梭罗结束了离群索居的生活，回到原来的村落。他仍然保持着简朴的生活风格，将主要精力投入写作、讲课和观察当地的植物、动物。不久后，梭罗出版了根据他在小木屋里写下的笔记整理的散文集——《瓦尔登湖》。

梭罗在这本散文集中，向世人揭示了他在回归自然的生活实验中所发现的人生真谛——如果一个人能满足于基本的生活所需，便可以更从容、更充实地享受人生。而事实上是，人们终日惶惶不安，迷失在自己所创造的种种需求之中，而这种需求则是原本不需要的。梭罗认为，有一种人往往陷入生活的误区，这种人认为人生似乎就是追求物质文明，奋不顾身地挣钱，忘乎所以地花钱，最终陷入物质享受的可怕罗网之中而不能自拔。

梭罗还是一个优秀的博物学家。他长年勘察并研究野生果实、野草及森林的演替，后来写出了《种子的信念》一书。这是一部崇仰自然、敬畏生命的奇书。在这本书里，梭罗用隽永质朴的语言、科学求实的态度，描述了森林中众多生命的繁衍、传播与交融。在梭罗的眼里，油松、五针松、白桦……甚至一株蓟草都是有灵魂、有感情的，它们的生息，它们的传播，既是自然的选择，也是它们自身的选择。野兽、松鼠、鸟儿、昆虫、风、水等一切生灵和自然现象都有它们自我拓展、自我繁衍的手段。为了逼迫鸟儿帮自己传播种子，樱桃的种子巧妙地置身于诱人的果皮正中，使得那吞食樱桃的家伙必须把果核一并吞入；蓟草的种子在望秋时节成熟，因为这个季节的风很有力，可以随风飞扬；橡树和松树常常混生，因为松树林是橡树的天然保育室……通过对种子的传播方式的探索和描述，梭罗试图向我们勾勒出清晰的自然规律，以便人类能更智慧地处理人与自然的关系。

通过多年的观察，梭罗对家乡康科德的自然秩序了如指掌。他花了几年的时间收集资料，打算编写一本《康科德生物志》，记录康科德附近所有的自然生物，但这本书最终未能完成。1860年的一天，梭罗外出记录新近砍伐树木的年轮时患了感冒，后转为支气管炎，转而恶化为肺结核。两年后，梭罗病逝，终年44岁。

梭罗主张简朴自足的生活方式，他认为，不断的工业化会给社会带来致命的影响，只有更为和谐的人与自然的关系才能让人类更好地发展。他的思想超越了他所处的年代，因而当时并没有引起人们的关注，但随着全球化的环境危机和环境保护运动的兴起，人们重又把目光投向了梭罗。现如今，他的《瓦尔登湖》得到了更广泛的认可和更深刻的理解，他的人与自然和谐的关系的主张是生态文学的重要源泉之一。越来越多的人受到他的作品的影响，把他的思想发扬光大，并加入了环境保护的行列。

知识链接 >>>

《瓦尔登湖》共由18篇散文组成，在四季循环更替的过程中，详细记录了梭罗内心的渴望、冲突、失望和自我调整以及调整过后再次渴望的复杂的心路历程，几经循环，直到最终实现为止。作者用它来挑战他个人的、甚至是整个人类的界限，但这种挑战不是对实现自我价值的无限希望，而是伤后复原的无限力量。

"自然保护之父"利奥波德

19世纪之前,人们一直把自然当作无条件被人驱使、利用的资源,不懂得保护它。这种观念造成人对自然的巨大破坏,直到20世纪,生态学不断进展,环境危机一再出现,才使人类对其重新认识。美国生态学家利奥波德就是这一观念转变的先驱者。他所创立的"大地伦理"的思想,被认为是环境主义运动的思想火炬。

奥尔多·利奥波德1887年出生在美国一个德裔移民之家。由于受喜欢打猎的父亲的影响,童年的利奥波德就培养起了对大自然的兴趣。这种对大自然近乎天生的兴趣和对野外生活的热爱使他没有像父母所期待的那样走上经商之路,而是在1906年成为耶鲁大学林业专业的研究生。毕业后,他作为联邦林业局的职员被派往亚利桑那和新墨西哥,当了一名林业官。1912年,利奥波德升迁为新墨西哥北部的卡森国家森林的监察官。1924年,他受林业部门的调遣,又到设在威斯康星州麦迪逊市的美国林业生产实验室担任负责人。1928年,利奥波德离开林业局,并把目光转移到了自己更为关心的野生动

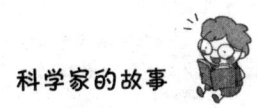

科学家的故事

物研究上。

　　在研究过程中，利奥波德逐渐意识到，从经济实用的角度所进行的资源保护，仍然未能触及人凌驾于土地之上的可怕现实。在经历了一系列的挫折和痛苦的反思后，他与当时风行的资源保护运动分道扬镳，尝试建立并实践一种新的环境保护思想。他确信，这种新的环境保护思想必须要植根于人对土地的责任感上，必须以树立人在自然中的谦卑意识为前提。

　　1933年，利奥波德成为威斯康星大学农业管理系的教授。此时，一套完整的大地生态观念和大地道德观念已经在他的脑海中渐渐形成了。后来，他与著名的自然科学家马歇尔一起创建了"荒野学会"，宗旨是保护和扩大面临被侵害和被污染的荒野大地以及荒野上的自由生命。

　　为了更好地体验和研究生态平衡，1935年4月，利奥波德在威斯康星河畔购买了一个荒弃的农场。在此后的十几年里，这个被他称作"沙乡"的地方和它上面的一所破旧的木屋，便成了利奥波德和他的家人在周末和假期亲近自然的"世外桃源"。1941年，利奥波德的名作——《沙乡年鉴》问世，这是他对于自然、土地、人类与土地的关系的观察和思考的结晶。

　　《沙乡年鉴》是一本自然随笔和哲学论文集。在随笔中，利奥波德以抒情的文学手法描述了大自然的绚丽多彩，栩栩如生地记述了人类与自然环境的搏斗，抒发了崇尚自然的情趣。在这部著作的哲学论文中，最有代表性的是《土地伦理》，这是利奥波德思想的基石。文章中，利奥波德通过他智慧的语言告诉人们：土地的伦理范畴包含土壤、水、植物、动物以及大地上存在的一切。土地的伦理观就是让人放弃征服者的角色，和每一个伦理范畴内的成员以平等和尊敬的姿态相处，把它们当成跟自己一样平等的分子。

　　《沙乡年鉴》完成后一直也没能出版，直到1948年4月17日，利奥波德接到一个长途电话，牛津大学出版社决定接受出版他的著作，然而仅仅4天之后，利奥波德的邻居农场发生了一场火灾，他在奔赴火场的路上，因为心脏病猝发而不幸去世。不久后，《沙乡年鉴》问世，当时正值战后经济复苏时期，人们都在充满信心地征服和利用自然，生态学的意识和概念对人们来说还十分陌生，所以这本书的出版在当时并没有引起很大影响。

利奥波德去世10多年后，人们逐渐发现了潜藏在富裕生活中的危机——征服自然带来的环境破坏。这时，人们才又想起了利奥波德和他的《沙乡年鉴》，书中对动植物的细腻描写，对自然历史的妙趣横生的叙述，对人类社会与自然的关系问题的精辟论述，激发了无数人对自然的关爱之情，并带动了许多青年投身到生态环境保护事业中去。利奥波德因此被誉为西方的"自然保护之父"，而他的《沙乡年鉴》也被誉为"美国资源保护运动的圣书"。

知识链接 >>>

奥尔多·利奥波德以一生的心血写下了一部关于土地的著作《沙乡年鉴》，在这部著作里，利奥波德以其对大自然细心敏锐的观察，用艺术的语言描绘了一个荒弃的农场上，一年12个月的不同景像。他深刻提出了一系列土地环境的保护问题，最后，也是最重要的一点，利奥波德提出了他的"土地道德"观点。

卡逊和《寂静的春天》

从20世纪40年代起,人们开始大量生产和使用DDT等剧毒杀虫剂以提高粮食产量。到了50年代,这些剧毒物的确在短期内起到了杀虫的效果,粮食产量得到了空前的提高。然而,令制造者和使用者们没有想到的是,DDT等用于杀死害虫的毒物会对环境及人类造成巨大的危害。当时,美国海洋生物学家蕾切尔·卡逊花了4年的时间,研究化学杀虫剂对生态环境的影响,亲自观察、采样、分析,在此基础上写成了《寂静的春天》一书。书中明确提出了20世纪人类生活中的一个重要课题——环境污染。

1907年,卡逊生于美国宾夕法尼亚州的一个贫寒家庭。她从小学业优异,尤其喜爱文学,最初的理想是当一名作家。然而在女子学院求学期间,卡逊遇到了一位非凡的生物学教师,在她的引导之下,卡逊毅然舍弃文学,主修生物学,并于1932年获得动物学硕士学位。1935年,卡逊供职于美国联邦政府所属的鱼类及野生生物调查所,为广播节目编写关于海洋生物学的通俗讲解词。节目获得空前成功，卡逊的人生也有了新的转机，这就是利用出色的写作才能向公众普及科学知识。以此为契机，卡逊又撰写了一系列科普作品，在著名杂志上连载，这些饱含深情的作品深深打动了读者。出于对自由写作的执着向往，尽管在政府机构已有稳定的工作，但她还是毅然辞职，成为一名专业作家。

1958年1月，卡逊接到朋友的一封信。信中写道，1957年夏，州政府租用的一架飞机为消灭蚊子喷洒了DDT归来，飞过一片私人禽鸟保护区上空。第二天，那里的鸟儿都死了。这位朋友想请卡逊帮忙在首都华盛顿找人，不要再发生像这类喷洒的事了。卡逊很早就了解有关DDT对环境产生长期危害的研究情况。她在1945年就曾给《读者文摘》寄过一篇关于DDT的危险性的文章。现在，朋友在信中提到大幅度喷洒杀虫剂的事使她的心灵受到极大的震撼，只是朋友的请求，她觉得无力办到，于是，她决定自己把这个问题写出来，让更多人都了解DDT的危害。本来，卡逊只是计划用一年的时间来写本小册子。后来，随着资料阅读的增多，她感到问题比她想象的要复杂得多，并非一本小册子所能够说得清楚和让人信服的。这样，从1957年开始，卡逊共花去4年时间才写成了《寂静的春天》一书。

在这本书中，卡逊以女性作家特有的生动笔触，为人们描绘了一则"明天的寓言"：在美国中部曾经有过一个美丽的城镇，那里的生物原本生活得很和谐。繁花似锦、果树成林，鸟儿鸣唱，狐狸在小山上叫着，小鹿穿过原野，人们常常到小溪边捕鱼。但是，一片片从天而降的白色粉剂导致了一场瘟疫：植物枯萎了，鸟儿消失了，鱼儿死光了，母鸡孵不出小鸡，新生的猪仔活不了几天，花丛中没有蜜蜂，果树的花得不到及时授粉、没有果实，大人和孩子也得了奇怪的疾病。这是一个没有生机的春天，只有一片寂静覆盖着田野、树林和沼泽……正是由于杀虫剂的滥用，使得美国无数城镇的春天沉寂下来。

如同哥白尼"日心说"和达尔文《物种起源》的问世遭到世俗的攻击一样，1962年《寂静的春天》出版之初，也遭到了猛烈的抨击。那些靠牺牲环境谋求经济利益的人首先跳出来，指责卡森是"煽情"和"歇斯底里"，说她"危言耸听"，甚至因为她的性别质疑她的研究结果和能力。虽然阻力重重，但《寂静的春天》就像黑暗中的"一声呐喊"，唤醒了广大民众，也得到了一些有良知的科学家和民众的支持。当时在任的美国总统肯尼迪读过此书之后，立即责成"总统科学顾问委员会"对书中提到的化学物进行试验，来验证卡逊的结论。当时，美国的公共政策中还没有"环境"这一项，但卡逊在她书中所提出的环境污染问题被证实之后，仅到1962年底，就有40多个提案在美国各州通过立法，以限制杀虫剂的使用。非常难得的是，曾获得诺贝尔奖的DDT和其他几种剧毒杀虫剂终于从生产与使用的名单中彻底地被删除。与此同时，《寂静的春天》还成为促使环境保护事业在美国和全世界迅速发展的导火线。由于卡逊的努力，一些鸟类不再处于绝迹的边缘，春天不再寂静，数不清的人保住了生命。可以说，卡逊成功地将一本论述死亡的书变成了一曲生命的颂歌。

《寂静的春天》出版两年之后，身患癌症的卡逊心力交瘁，与世长辞。作为一个学者与作家，卡逊所遭受的诋毁和攻击是空前的，但她所坚持的思想终于为人类环境意识的启蒙点燃了一盏明亮的灯。

知识链接 >>>

美国著名刊物《时代》在2000年第12期，即20世纪最后一期上将蕾切尔·卡逊评选为本世纪最有影响的100个人物之一。在纽约大学新闻学院评选的本世纪100篇最佳新闻作品中，《寂静的春天》名列第二。《匹兹堡杂志》将卡逊评选为"世纪匹兹堡人"之一，赞扬她对现代环境保护思想和观点的开创性贡献，认为她是现代环境运动之母。她对公众和政府加强对环境的关注和爱护的呼吁，最终导致了美国国家环境保护局的建立和"世界地球日"的设立。

林德曼和"十分之一定律"

地球上生存着种类繁多的动植物和微生物,它们和地球上的大气、水及土壤共同组成一个巨大的生态系统。在这个生态系统中,任何生物的生存都不是孤立的:同种个体之间有互助有竞争;植物、动物、微生物之间也存在复杂的相生相克关系。随着人类活动范围的扩大与多样化,人类与环境的关系问题越来越突出,"生态"成为科学界关注的对象。"生态学"一词是德国生物学家海克尔于1866年提出的,但真正使生态学成为一门独立学科的最大功臣,是美国年轻的生态学家林德曼。

林德曼是美国耶鲁大学的毕业生。1939年,他在明尼苏达州对一个衰老湖泊——赛达伯格湖进行了3年定位研究,以弄清各种生物之间的关系。在此期间,他积累了大量的资料和数据,就是没有理出一个科学的头绪。后来,林德曼无意中从中国同学那里得到启发。一句最普通的民间谚语"大鱼吃小鱼,小鱼吃虾米,虾米吃稀泥"使他茅塞顿开。他从食物链和能量转换的角度揭开了生态系统的奥秘：在我们生存的生态系统中，一种生物以另一种生物为食，另一种生物再以第三种生物为食，彼此形成一个以食物连接起来的链锁关系，称为食物链。在食物链中，绿色植物和浮游生物是能量的储存者，吃植物和浮游生物的动物是一级消费者，吃动物的肉食动物是二级消费者，还可以有三级、四级消费者。不过，生物之间的这种不断循环的能量物质在转移的过程中并不是百分百的。比如，绿色植物中的能量物质就不能被草食动物百分之百地利用，不仅植物的根茎、果壳、枯枝败叶不能被完全吃掉，而且还会有一部分由于不能被完全消化而成为粪便排出体外，很大一部分白白地浪费掉。一级生物的能量物质通常只有1/10左右转移到下一级生物体内，能量的利用率仅为1/10，其余的9/10能量就损失掉了。林德曼把生态系统中能量的不同利用者之间存在的这种必然的定量关系，叫作"十分之一定律"。

1941年，林德曼发表了《一个老年湖泊内的食物链动态》的研究报告，提出了生态学上著名的"十分之一定律"。人们发现，如果把食物链各种生物之间的关系表现在图上，用横坐标表示生物量，在纵坐标上把食物链中各级消费者的数量依次逐级标出，那么，整个图形竟然与金字塔的形状相似，因此，人们又把"十分之一定律"称作"能量金字塔定律"。在"能量金字塔"里，塔的底部是能进行光合作用并把太阳能转化成化学能的绿色植物和浮游生物，它们是整个生态系统的能量储存库中的能量生产制造者，再往上是吃素食的草食动物，是第一级消费者，然后是吃草食动物的第二级消费者；再往后是第三、第四级消费者，它们是吃食肉动物和植物的凶禽猛兽。

1943年，林德曼发表了他的第一篇论文——《食物链和金字塔营养级的研究报告》，说明了生态系统中能量与物质的流动在不同的营养级之间存在的定量关系，是维持所有生态系统稳定的重要因素。

林德曼的理论引起了轰动，被生物界公认为奠定了生态系统的理论基础。不幸的是，这位才华横溢的科学家26岁就过早地与世长辞了，生态系统的研究也一度沉寂下来。直到20世纪60年代，环境污染空前严重，为了挽救环境危机，人们才重新发现生态系统的研究是保护环境、造福人类的科学依据。

知识链接 >>>

食物链一词是英国动物生态学家埃尔顿于1927年首次提出的。生态系统中贮存于有机物中的化学能在生态系统中层层传导，通俗地讲，是各种生物通过一系列吃与被吃的关系，把这种生物与那种生物紧密地联系起来，这种生物之间以食物营养关系彼此联系起来的序列，就像一条链子一样，一环扣一环，在生态学上被称为食物链。比如青草—野兔—狐狸—狼；河谷类植物—昆虫—食虫鸟—鹰。

朗缪尔发明"人工降雨"

自古以来,人们就幻想能凭借人工的方法来影响天气,甚至达到呼风唤雨的目的。不过受当时科学水平的限制,往往是一种不切实际的奢望。直到19世纪末20世纪初,才出现了许多人工影响天气的大胆尝试。当时的人们对成云致雨的云雾微观物理过程仍十分茫然,所以往往凭主观臆测,带有很大的盲目性,以致实验收效甚微,甚至完全失败。但这一历史阶段却为以后人工影响天气的发展开拓了道路。随着科学技术的发展,现在每当炎热酷暑、土地干裂、庄稼缺水枯萎时,人们就利用人工降雨的方法,使天空下起雨来。那么,这种人工降雨的方法,是怎么发明的呢?

1933年,瑞典气象学家贝吉隆在云中降水形成机制方面提出,云中较少的冰晶只要有较多的微滴来供应水分时,冰晶就能增长到形成降水的程度。这一冰晶过程,人们称之为"贝吉隆过程",此论点后来成为进行

人工降雨和消散冷云的理论基础。首次实现人工降雨的，是曾获得1932年诺贝尔化学奖的美国科学家欧文·朗缪尔。

朗缪尔1881年1月31日生于纽约布鲁克林的一个贫民家庭。因家境贫寒，朗缪尔从小就帮助父母操持家务，但他对自然科学极感兴趣，常常利用劳动之余看书学习。1903年，朗缪尔毕业于哥伦比亚大学矿业学院，后到德国哥廷根大学留学，于1906年获得哥廷根大学的哲学博士学位，同年秋天，赴新泽西州史蒂文森理工学院任教。

朗缪尔十分理解干旱季节时农民盼雨的心情。面对农民求雨的目光，面对茫茫无际的蓝天，作为一名科学家，他进行了理智而科学的探索，终于搞清了其中的奥秘。原来，地面上的水蒸气上升遇冷凝聚成团便是"云"。云中的微小冰点直径只有0.01毫米左右，能长时间地悬浮在空中，当它们遇到某些杂质粒子（称冰核），便可形成小冰晶，而一旦出现冰晶，水汽就会在冰晶表面迅速凝结，使小冰晶长成雪花，许多雪花粘在一起成为雪片，当雪片大到足够重时，就从高空滚落下来，这就是降雪。若雪片在下落过程中碰撞云滴，云滴凝结在雪片上，便形成不透明的冰球，称为雹。如果雪片下落到温度高于0℃的暖区，就融化为水滴，下起雨来。但是，有云未必就下雨，这是因为云中冰核并不充沛，冰晶的数目太少了。当时，人们流行着一种观点：雨点是以尘埃的微粒为"冰晶"，若要下雨，空气中除有水蒸气外还必须有尘埃微粒。这种流行观点严重地束缚着人们对人工降雨的实验与研究，因为要在阴云密布的天气里扬起满天灰尘谈何容易。

朗缪尔是个治学严谨、注重实践的科学家。1909年，他来到通用电气公司在纽约东部的斯克内克塔迪电气工程实验所工作。在他的实验室里保存有人造云，这就是充满在电冰箱里的水蒸气。朗缪尔想方设法，使冰箱中水蒸气与下雨前大气中水蒸气情况相同。他还不停地调整温度，加进各种尘埃进行实验。1946年7月中的一天，骄阳当空，酷热难熬。朗缪尔正紧张地进行实验，忽然电冰箱不知因何故障而停止制冷，冰箱内温度降不下去。他决定采用干冰降温。固态二氧化碳气化热很大，在-60℃时为

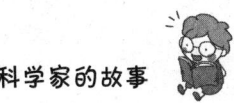

87.2卡／克。常压下能急剧转化为气体，吸收环境热量而制冷，可使周围温度降到-78℃左右。当他刚把一些干冰放进冰箱的冰室中，一幅奇妙无比的图景出现了：小冰粒在冰室内飞舞盘旋，片片雪花从上落下，整个冰室内寒气逼人，人工云变成了冰和雪。

朗缪尔分析这一现象认识到：尘埃对降雨并非绝对必要，干冰具有独特的凝聚水蒸气的作用，即作为"种子"的云中冰晶或冰核。温度降低也是使水蒸气变为雨的重要因素之一，他不断调整加入干冰的量和改变温度，发现只要温度降到-40℃以下，人工降雨就有成功的可能。朗缪尔发明的"干冰布云法"是人工降雨研究中的一个突破性的发现，它摆脱了旧观念的束缚。有趣的是，这个突破性的发明，是于炎热的夏天中在电冰箱内取得的。朗缪尔决心将"干冰布云法"应用于人工降雨的实践。

1946年，朗缪尔已是66岁的老人，但他仍像年轻人一样燃烧着探索自然奥秘的热情。一天，在朗缪尔的指挥下，一架飞机腾空而起，飞行在云海上空。试验人员将207公斤干冰撒入云海，就像农民将种子播下麦田。30分钟以后，狂风骤起，倾盆大雨洒向大地。第一次人工降雨试验获得成功。朗缪尔开创了人工降雨的新时代。

知识链接 >>>

根据过冷云层冰晶成核作用的理论，科学家们又发现可以用碘化银等作为"种子"进行人工降雨。而且从效果看，碘化银比干冰更好。碘化银可以在地上撒播，利用气流上升的作用，飘浮到空中的云层里，比干冰降雨更简便易行。从此，碘化银作为人工降雨的催化剂，很快得到了推广。

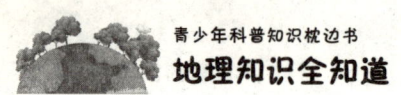

我国现代气象学奠基人竺可桢

虽然我国古代劳动人民为战胜自然灾害在气象方面积累了大量宝贵经验，但真正使气象知识上升为科学并能依此做出较准确的预报，还是近现代的事。竺可桢是中国现代气象科学的奠基人。

竺可桢生于1890年，是浙江省上虞县人。竺可桢的幼年正值中华民族处于内乱外侮交织的时代。他自幼便渴求知识，期望国家富强。1910年，竺可桢远渡重洋，来到美国伊利诺伊大学农学院学习。毕业后，他又选择与农业生产密切相关的气象学作为攻读对象，进入蜚声国际的哈佛大学。

竺可桢的家乡属多台风区，他自幼便体会到劳动人民饱受台风灾害之苦。因此，当他开始攻读气象学以后，就开始了台风研究。他在《远东台风的新分类》和《台风的源地与转向》两文中，竺可桢首先剖析了在他之前外国学者分类的优缺点，又分析了1904—1915年间247个台风的季节分布源地及路径与转向地点，进而提出了台风分类的新原理，还将台风分为6大类型：中国台风、日本台风、印度支那台风、菲律宾台风、太平洋台风、南海台风，这是中国人所作的最早台风分类。当时台风强度尚无被人们公认的量度指标，竺可桢首先提出以风速等级作为划分台风强弱的指数，这一思想一直为后人研究台风强度所遵循。目前国际上的规定也是以风速大小来判断是否为台风和台风的强度的。

季风是我国最重要的气候现象，它的态势决定了我国雨季的形势，其变化主宰了我国的旱涝，因而受到竺可桢的高度重视。1916年，竺可桢通过潜心研究发表了他第一篇气象论文——《中国之雨量及风暴说》，阐明了季风是海陆热力性质不同的产物，对我国雨量分布有重要意义，开创了我国季风气候学的研究。

1918年，已经获得哈佛大学博士学位的竺可桢抱着"科学救国"的美好憧憬返回了祖国，先后在武昌高等师范学校和南京高等师范学校任教。1928年初，他在南京出任气象研究所筹备处主任。这时，中国自己的气象机构寥寥无几，又大多无所作为，而在我国沿海、沿江的口岸及岛屿上附设的几十个气象测报点，都被英帝国主义控制，在上海、青岛专设的气象台全归外国人所有，外国人几乎完全把持了我国的气象事业。竺可桢对这种侵权行为极为愤慨，一心要建立和发展中国自己的气象事业。他对筹建气象研究所倾注了极大的热情，对所址选定、建筑布局、道路及引水工程、仪器设备和图书购置等，无不亲自精心筹划，在经费、人员严重不足的情况下艰苦经营，只一年时间，一座设备先进、完备的气象台就建成了。自1930年元旦起，我国有了自己发布的天气预报和台风警报。

研究气候与农业生产的关系，为国民经济建设服务，是竺可桢毕生的目标。他早在1922年发表的《气象与农业之关系》一文，可说是我国最早的农业气候论文。1936年他在《气候与人生及其他生物之关系》一文中，进一步论述了气候与农、林、牧业及人类各方面活动的关系，深入分析了阳光、温度和质量等因素对植物（包括各种农作物）的影响。

1936年4月到1949年，竺可桢就任浙江大学校长。由于他办学思想明确,领导有方,浙江大学在学术上跃为蜚声中外的高等学府。新中国成立后,竺可桢出任中国科学院副院长,先后参与创立了海洋研究所、自然科学史研究室、冰川冰土沙漠研究所、水土保持研究所以及一系列以不同景观类型为研究对象的地理研究机构。

1963年,竺可桢在73岁高龄时发表了一篇影响颇大的论文,即《论我国气候的几个特点及其与粮食作物生产的关系》。文章论述了光能在作物产量形成中的作用,分析温度和降水对粮食作物的影响,然后进行综合分析,与国外一些事实相比较,从而科学地指出我国的粮食作物生产还有很大潜力,并且提出了发挥这些潜力可以采取的途径,为地理学和气候学研究更好地为农业生产服务提供了良好范例。

竺可桢不同于其他实验科学家,例如物理学家、化学家等,在实验室内通过各种实验手段来模拟或探索自然现象的奥秘,他是以广袤的大自然作为自己的实验室。在1966年以前,竺可桢每年都要到野外去实地考察若干次。新中国成立以后,他的足迹几乎走遍了除西藏和台湾以外的神州大地,并将考察所得择要载入日记。

1972年,竺可桢以82岁高龄又发表了《中国近五千年来气候变迁的初步研究》。在论文中,他充分利用我国出土文物和长时期的历史记载,对我国近5000年来的气候变迁进行了系统的探索。竺可桢的这篇论文受到国内外同行的重视和高度评价,人们纷纷向他表示祝贺。党和国家领导人也没有忘记这位德高望重的老科学家。在一次接见美国人士来华访问会见中,周恩来总理邀请竺可桢出席,并将他介绍给外宾。竺可桢并没有因此而骄傲,他笑着对周总理说:"这不算什么,我还得努力呀!"周恩来望着白发苍苍的老科学家,既钦佩又感动地说:"科学家真是谦虚啊!"

1974年2月7日,84岁的竺可桢病逝于北京。竺可桢不仅在地理学、气象学和我国自然资源的综合考察方面做出了重要贡献,也是现代中国自然科学史研究事业的开创者。为了科学知识的普及,科学事业的发展,竺可桢付出了自己毕生的精力,真可谓鞠躬尽瘁,死而后已。

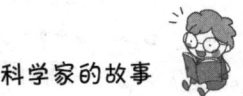

知识链接 >>>

竺可桢写日记，在科学界是出了名的，他从青年时代起，就开始写日记。只是由于抗日战争期间的颠沛流离，1936年以前的日记大部散失了。保留下来的，是从1936年起至1974年2月6日的，共计38年零37天，830余万字，中间没有一天间断。这些日记，忠实地记录了他周围自然的和社会的演变，记录了这位科学巨人勤奋、探索的一生，是我国科学界的无价之宝。

中国气象泰斗叶笃正

日平均气温将比现在升高八九摄氏度,也许就是 100 年内地球要面临的状况。第一个发出这个警告的是我国气象学家叶笃正。

叶笃正 1916 年 2 月出生于天津,14 岁时,考入南开中学。1935 年,"一二·九"运动爆发,刚考入清华大学的叶笃正随大学生救亡团参加了军队。两年后,他回到学校,在乒乓球台旁结识了学长钱三强。在这位日后中国重要的核物理学家的影响下,叶笃正放弃了本来打算学习的物理学,选择了对国家更为实用的气象学。

1945 年,叶笃正留学美国,师从世界著名气象和海洋学家罗斯贝。罗斯贝坚持一切从事实出发,鼓励大胆质疑的治学精神,这对叶笃正影响很深。在老师的指导下,凭着勤奋和聪明,叶笃正在留美期间发表了多篇重要学术论文。特别是他的博士论文中的"长波能量频散理论",由于发展了老师罗斯贝的"大气动力理论",使他蜚声国际气象界。

这时，新中国成立的消息传到美国，叶笃正毅然决定回国。当时，不少同学劝叶笃正留在美国，他们说："你现在有这么好的工作，这么高的工资，何必回去受苦，留下吧！"叶笃正对他们说："我是中国人，我要回祖国工作！"这时，当时的美国气象局主管科研的怀斯特博士几次从华盛顿给叶笃正打电话，高工资邀他到美国气象局工作，结果都被叶笃正婉言拒绝了。后来怀斯特又几次请叶笃正的导师罗斯贝劝他到华盛顿工作，叶笃正对导师罗斯贝说："我觉得新中国是有希望的，我想为自己的国家做点事。"罗斯贝被感动了，在他的帮助下，1950年10月，就在新中国正欢度第一个国庆日时，叶笃正终于登上了归国的轮船，辗转回到祖国。

回国后，叶笃正被任命为中国科学院地球物理研究所北京工作站主任，在西直门内北魏胡同一幢破旧的房子里，他开始了中国的气象研究。当时，整个气象室只有十几个人，连一张最基本的天气图都没有。绘制出第一张500毫巴地面图（相当于5公里左右高度的天气图）时，气象室全体人员特别庆贺了一番。从此，"天有不测风云"的时代在中国结束了。

叶笃正在纷繁的工作中，教书、育人、创业，年复一年地着手建设中国的气象科学。平时，他总是随身带着一个小本子，想到什么就立刻记下来，即使是工间10分钟的时间也不例外。在研究中，他发现：在青藏高原以南和以北有两股强西风向东吹，青藏高原好比一个巨大的屏障，使它们的位置比较稳定，越往东走，两股气流的距离越近，最后合成一股，到了日本风力最强。他还用当时最先进的手段和分析方法研究了东亚大气环流的演变，认为东亚大气环流的演变不像以往人们认为是渐变的，而是有个突变过程。回国后的第七年，叶笃正把这些重大发现写进了《大气环流的若干基本问题》一书中，并写了论文寄给罗斯贝教授主办的《瑞典气象》杂志发表。许多外国气象学家看了都很惊讶，想不到中国气象专家能在这么短的时间内把东亚大气环流的许多基本问题摸清。

20世纪40年代以前，气象学家普遍认为，大气的环流主要是气压分布不均匀产生运动的结果，气压场在其中起了主要作用，而叶笃正的导师罗斯贝教授则提出，气压场不是主导，风场是主导。

"真理只能有一个，到底古老的想法是对的，还是老师的理论对？"叶笃正经过反复研究后发现，古老的想法对，老师的想法也对——若以数千公里以上的环流为对象，则古典理论正确；若以千余公里环流为对象，则老师的理论正确。于是，研究对象一大一小，得出完全不同的结论。叶笃正的发现，解决了国际气象学界长期以来争议不休的一个重要问题，得到学术界的一致好评。

如今，温室效应、全球变暖等已是人们耳熟能详的词汇。然而，在20世纪80年代，意识到这个问题的人还很少。当许多人都沉浸在经济飞速发展的喜悦中时，叶笃正却怀着一份深深的忧虑。他看到近百年来人类的无序活动造成了环境的急剧恶化，首次提出了"全球变化"的课题。1984年，几位美国气象学家专程来到中国，寻求叶笃正的支持。这次合作的成果，被叶笃正认为是自己最大的贡献。从那时起，他一直致力于旨在充分利用全球变暖的正面效应、降低其负面效应的研究。2003年，叶笃正提出了"有序人类活动"的概念。他认为："地球上生存的每个人都需要理解这个问题。这不是一两个人的事情，而是全人类要共同面对的。"也就是在这一年，87岁的叶笃正成为第一个获得国际气象界的"诺贝尔奖"——"国际气象组织奖"的中国人。因为在"全球变化"领域的突出贡献，他被世界气象组织誉为"全球变化研究的开创者"。

2013年10月16日，叶笃正院士因病在北京逝世，享年98岁。

知识链接 >>>

1981年，叶笃正被选为芬兰科学院外籍院士；1982年，被授予英国皇家气象学会荣誉会员；1990年，被授予美国气象学会荣誉会员；2004年，获得了有"气象诺贝尔奖"之称的国际气象组织奖。2005年，获得国家最高科学技术奖。2007年2月，被授予"感动中国2006年度人物"荣誉称号。2010年5月4日，国际小行星中心先后发布公报通知国际社会，将国际永久编号第27895号小行星永久命名为"叶笃正星"。

"绿色和平之父"塔格特

一提起国际绿色和平组织，大多数人的印象大概来自电视新闻。这个组织的创始人是大卫·塔格特，他被看作以一条小船的代价阻止了核试验、并掀起了席卷全世界波澜的人。

塔格特1932年出生在加拿大不列颠哥伦比亚省，17岁时成为加拿大国家羽毛球冠军。后来他创建了一家滑雪站，但1969年的一次爆炸摧毁了他的滑雪站，使他蒙受了惨重的经济损失，随后塔格特放弃经商，于1971年创建了世界著名的环保主义者组织——"绿色和平组织"。

1972年，法国计划在太平洋中法属波利尼西亚的穆鲁罗瓦岛进行核试验。塔格特自告奋勇，驾驶自己12米长的双桅帆船"维加"号，与其他志愿者一起去穆鲁罗瓦岛"禁止航行"的水域内航行，以抗议法国进行核试验。第二年，"维加"号又载着一批"绿色和平组织"成员再到穆鲁罗瓦岛示威，遭到法国警方船只的撞击，塔格特被捕，并遭到法国军警的殴打，致使他右眼严重受伤。可是，那些法国人不知道，有一名船员用相机拍下了这起事件，并把胶卷带到岸上。这一事件使得法国政府陷入被动，不得

不在同年宣布停止大气层核试验计划。这被誉为"生态战士的首次胜利",同时也使塔格特成为备受尊敬的人物。

1975年,在塔格特的倡导下,绿色和平组织发起了著名的"拯救鲸鱼"及阻止捕杀幼海豹剥皮的运动。其成员强行登上捕鲸船阻止捕鲸,投身于鲸鱼和鱼叉之间,在国际社会引起巨大反响。到1979年底,由于行动的全球化,"绿色和平国际"在荷兰阿姆斯特丹宣告成立,塔格特出任第一任主席。此后,该组织在塔格特的组织领导下开展了一系列保护生态的活动,诸如拯救鲸鱼、反对偷运有毒废料、反对法国在南太平洋地区恢复核试验等工作。

1985年,"彩虹勇士"号奉绿色和平组织之命,再次赶赴穆鲁罗瓦岛的法国核试验基地,抗议即将进行的核试验。7月10日深夜,中途停靠在新西兰北部港口奥克兰的"彩虹勇士"号被炸沉,举世为之哗然。调查结果发现,这起爆炸竟是法国海外安全总局情报中心直接策划和组织的。法国国防部长和三军总参谋长因此被迫辞职,法国海外安全总局局长被罢免,法国政府最后赔偿绿色和平组织1300万美元。这一事件为绿色和平组织在世界各地赢得了成千上万的支持者。从那时起,绿色和平组织进入鼎盛时期。1991年,塔格特退居二线,成为绿色和平组织的名誉主席。后来由于身体原因,他彻底退休,开始了隐居生活。1995年,为纪念20多年前的活动,年已63岁的塔格特重返穆鲁罗瓦岛,但在那里他再次被法国人抓走并遭到驱逐。2001年,绿色和平组织迎来它30周岁生日,但塔格特没能看到这一天。这年3月23日,他在隐居多年的意大利中部山城佩鲁贾因车祸不幸去世。

对塔格特的不幸逝世,很多人为之惋惜,称颂他是"一位生态主义英雄""把环保热情化为科学环保主义并为之进行不懈斗争的典范"。

绿色和平组织是目前世界上最大的环保组织,也被认为是唯一

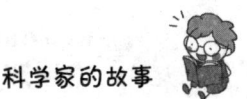

能够影响世界强国环境政策的非政府组织。它在30多个国家设有办事处，交费会员达到了500万人。该组织拥有自己的研究中心，制造对臭氧层无害的冰箱制冷剂和研制可将油耗减少到每百公里3升的客车等。它的年预算保持在1.25亿美元，比联合国环境规划署的还多。

"绿色英雄"拉夫洛克

在第一批研究地球温室效应的研究者中，有一位被称为"绿色英雄"的英国科学家——詹姆斯·拉夫洛克。20世纪60年代末，拉夫洛克提出了"盖亚理论"，此后，他一直是关心生态环境和地球命运的各方人士关注的焦点人物。他的理论和科学研究为许许多多的人所景仰和推崇，同时也引起了激烈的争论和非议。

拉夫洛克毕业于美国哈佛大学。20世纪60年代，拉夫洛克在美国宇航局参与火星生命探测任务。在此过程中，拉夫洛克对火星大气的成分产生了浓厚的兴趣，火星的大气几乎处于化学静止平衡状态，氧、甲烷和氢都极少，二氧化碳却非常多。在拉夫洛克看来，如此静态的大气，与地球活力十足、灵活多变的大气成分形成了鲜明的对比，也充分地意味着火星上是不可能有生命的。此后，在以气象学家的身份研究地球的过程中，拉夫洛克发现，从大气化学的角度来看，地球极其不稳定，但它却依然存在了几十亿年。因此，地球自身肯定拥有某种力量来维持稳定，就像一个生命有自我调节的功能一样。拉夫洛克把这种能够进行自我调节的有机系统叫作"盖亚"。在古希腊神话中，盖亚是大地之神，又叫做"母神"或"大神"，显赫而德高望重。她是世界的开始，所有的天神都是她的后代。宙斯是她的孙子。事实上，有些西方人一直到现在还常用"盖亚"来代称地球。

从1979年开始，拉夫洛克连续写了7本有关"盖亚"的书。他假设，地球是一个复杂精致的超级有机体"盖亚"，它的大气圈、岩石圈、低温层、水圈等各个组织都在积极互动，将地球的气候和生物、地理、化学条件维持在最佳状态。后来，拉夫洛克和他的支持者们将这一假设上升到理论的高度。支持这一理论的人认为其意义大到完全改变了后来的大气科学的发展走向，也成为西方环境保护运动的一面重要的理论大旗。

在很长一段时间内，"盖亚"假设在科学界内部并没有被完全接受，拉夫洛克甚至成为被奚落的对象，"伪科学""不科学""疯狂科学家"等头衔套在了他的头上。随着时间的推进以及气候变化成为全球最热的话题，科学家们也发现全球各个圈层的复杂性和互相作用，"盖亚假说"正在逐步地被接受。1997年，拉夫洛克获得了号称环保界"诺贝尔奖"的"蓝行星"奖。然而，拉夫洛克还是没有进入主流科学界。他的语出惊人一次次地在科学界引起轩然大波——尤其是在气候变化领域。拉夫洛克将"大气变暖"叫作"大气加热"，坚信唯一能阻止"大气加热"的方式只有核能。他在《盖亚的复仇》一书中大力提倡核能。他认为，与核能的作用相比，风能、太阳能等其他新能源只是"小儿科"。这一言论引起了反核能人士的强烈抗议。他们认为在铀矿开采、核电站建造的过程中会释放大量的二氧化碳，更别说这会增加恐怖袭击和核意外的发生概率。但拉夫洛克则认为，与化石燃料燃烧产生的二氧化碳排放导致的地球"发烧"并最终带来的灾难相比，任何核能带来的威胁都是"小巫见大巫"。

2006年11月，87岁高龄的拉夫洛克在伦敦化学工程师协会进行演讲时，对全球变暖问题再次发出了惊人的警告：随着人类和地球自身排放的二氧化碳的增多，地球温度会越来越热。到下一个世纪，当地球上的大多数地区不再适合生存后，人类会前往北极圈地区避难。为了容纳更多的人口，北极附近的国家和城市将被拥挤的摩天大楼占据。但在这样一个过热的地球上，幸存的人类最多不会超过5亿。

现在，越来越多的人将拉夫洛克称为"绿色英雄"，他的理论也一次次地引起人们的注意。但很多科学家并不认同拉夫洛克关于全球变暖的悲观论点，他们认为，只要人类积极采取补救措施，减少二氧化碳气体的排放量，就能阻止地球继续变暖。

 **知识链接** >>>

拉夫洛克是第一个发现大气中充满了泄漏出来的氟利昂的科学家。可惜的是他错误判断了这一发现，认为这是无害的。受拉夫洛克的启发，另两位科学家罗兰多和莫林开始研究氟利昂，并在1974年发现氟利昂光合作用导致了臭氧层的破坏。他们最终在1995年分享了诺贝尔化学奖，这是有史以来诺贝尔化学奖第一次进入环境化学领域。

洛伦兹与"蝴蝶效应"

一只蝴蝶在巴西扇动翅膀,有可能会在大洋彼岸的美国得克萨斯州引起一场龙卷风吗?这个问题看似荒谬,但却绝不是夸大其词。不管你信不信,这种被称作"蝴蝶效应"的现象的确存在,最早提出这一理论的是美国气象学家洛伦兹。

洛伦兹1917年出生在美国康涅狄格州哈特福德。他在很小的时候就喜欢大自然,对天气的变化尤其感兴趣。1938年,洛伦兹在达特茅斯学院获得数学学士学位,1940年获得哈佛大学数学硕士学位。第二次世界大战期间,洛伦兹应征入伍,作为气象预报员在美国陆军航空兵团服役。1943年,洛伦兹获麻省理工学院理科硕士学位。5年后,他进入该学院任教,开始从事气象学研究。

1961年冬季的一天,洛伦兹在一台计算机上用一个包含12个微分方程的简单模式进行气候模拟。在完成了一次计算后,他想用同样的模式重复。

为了节省时间，他没有从头到尾重复这次计算，而是从程序的中段开始。于是他把上一次计算到这个位置输出的数据，作为这次计算的初始条件。然后，他出去喝了杯咖啡。回来的时候，他被出乎意料的计算结果惊呆了：第二次的预报结果与上一次大不一样。开始他认为是计算机的故障，排除了这种可能后，他发现，他输入的不是完整的数据。他当时用的计算机，储存数据的容量是小数点后6位数字，但是在打印输出数据时，为了节省纸张，只输出小数点后3位数字。而洛伦兹在给第二次计算输入初始条件的时候，只输入了小数点后的3位，与精确的数据有不到0.1%的误差。就是这个原本应该忽略不计的误差，使最终的结果大相径庭。这让洛伦兹意识到，完美的长期天气预报是不可能的。因为长时期大范围的天气预报是对于地球大气这个复杂系统进行观测计算与分析判断，它受到地球大气温度、湿度、压强诸多随时随地变化的因素的影响与制约，其综合效果的预测是难以精确无误的，而任何微小的误差，将导致完全不一样的气候现象。

1963年，洛伦兹在美国《气象学报》上发表论文，提出了在确定性系统中的非周期现象。第二年，他发表了另外一篇论文，指出对于模式中参数的微小改变将导致完全不一样的结果，会使有规律的、周期性的行为，变成完全混乱的状态。不过，他的发现在当时没有引起任何注意，直到10年后他提出"蝴蝶效应"这个通俗却惊人的想法，才让人们了解到这一现象的重要性。

1972年12月29日，洛伦兹在美国科学发展学会第139次会议上发表了题为"可预测性：巴西一只蝴蝶扇动翅膀，能否在得克萨斯州掀起一场龙卷风"的演讲。他认为，一个微小的初始条件变化，可能导致一连串逐渐放大的改变，最终导致完全不同的结果——这个看似荒谬的论断，打碎了所有人关于"因果决定论可预测度"所存的幻想，最终产生了当今世界最伟大的理论之一——"混沌理论"。

"蝴蝶效应"这种最初只在气象预报中出现的现象，后来被发现存在于众多的自然和社会系统中，诸如人口的涨落、精神病的发病、心率的节奏、雪花的形状、股市的波动、汇率的变化等。

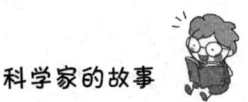

科学家的故事

1987年,《纽约时报》科技部主任詹姆斯在采访了200多名科学家后,撰写了一本后来享誉世界的畅销书《混沌:开创新科学》。第一章的标题就是"蝴蝶效应",介绍了洛伦兹第一次发现混沌现象的过程。这本书后来被翻译成19种文字,在20世纪90年代初给中国读者带来了"混沌"的概念。

知识链接 >>>

作为"蝴蝶效应"的发现者及"混沌理论之父",洛伦兹在1983年获得瑞典皇家科学院颁发的克拉福德奖,这一奖项主要授予研究领域不在诺贝尔奖授奖范围内而确有突出成就的科学家。今天,伴随计算机等技术的飞速进步,混沌学已发展成为一门影响深远、发展迅速的前沿科学。

"中国环保第一人"曲格平

在 20 世纪 70 年代初,查遍中国所有的汉语词典,也找不到"环保"这个词。40 多年后的今天,这个新词已经成为现代汉语中几乎所有中国人都耳熟能详的、使用频率极高的一个词。在中国历史上,把"环境"和"保护"这两个看起来风马牛不相及的词组合在一起的,是被称为"中国环保第一人"的曲格平。

曲格平 1930 年 6 月生于山东肥城,毕业于山东大学,先后担任保定胶片厂副厂长、化学工业部处长、国务院计划起草小组处长。1971 年 3 月,北京发生了官厅水库污染事件。市民们由于吃了该水库出产的鱼,出现恶心、呕吐现象。这一事件引起了周恩来总理的重视,调查结果发现是水库的水被污染了。在周总理的指示下,为治理官厅水库成立了领导小组,曲格平是成员之一。一段时间之后,水库污染被有效地控制了。这可以说是新中国历史上的第一项污染治理工程。

1972年，曲格平作为中国政府代表团成员，出席了在瑞典斯德哥尔摩召开的第一次人类环境会议。在对会议情况进行总结时，与会代表们惊异地发现：当时中国所理解的环境问题和世界所谈论的环境问题并不一样——中国认为环境问题只是局部的工业三废——废水、废气、废渣污染，而世界谈论得更多的是经济社会发展与环境、生物圈、水圈、大气圈、森林生态系统等"大环境"。曲格平的心绪久久不能平静。世界环保会议开启了他心灵的这扇窗，从此他闯入了一个全新而神圣的事业——开创和探索一条有中国特色的环境保护之路。

当时的中国，人们只知道"环境卫生"和"环卫工人"，却并不知道还有环境保护这一概念。对环境问题进行预防好治理，到底应该怎么称呼，专家的意见很不一致。最后，曲格平在充分听取专家意见的基础上，建议照英文直译过来，叫"环境保护"。

1976年，曲格平来到了内罗毕，成为中华人民共和国驻联合国环境规划署的首任代表。在那里，他如饥似渴地查阅发达国家保护环境的资料，思考着中国的环保之路究竟如何走。工业发达国家基本上都是走"先污染、再治理"的道路，比如曾经烟雾弥漫的雾都伦敦，70年代后再没有发生过烟雾事件；泰晤士河一度被称为"臭水沟"，莱茵河曾被称为"欧洲下水道"，但后来它们都相继变清；就连有"公害列岛"之称的日本，许多河流和城市的环境状况也都有明显改善。曲格平注意到，这些成就的取得，是以巨额资金和人民健康为代价的。在人口众多、人均自然资源贫乏和经济基础薄弱的中国，这条"先污染、后治理"的道路能行得通吗？经过认真研究和反复思考，曲格平得出结论：中国不能冒这个险，中国应该有一条有中国特色的环境保护之路。他指出：只有发展经济，才能创造出包括适宜的环境在内的高度物质文明和精神文明，强调在发展的同时保护环境，避免走西方国家"先污染，后治理"的弯路。

在担任中国常驻联合国环境规划署首席代表之后，曲格平又历任国务院环境保护领导小组办公室副主任、城乡建设环境保护部环境保护局局长、国家环境保护局局长。在改革开放初期，曲格平大胆地提出引进国外先进的管理经验，结合国情制定了8项环境管理制度和措施，并在全国普遍实施，从而使中国在经济倍增的20世纪80年代，避免了环境状况的进一步恶化，为开创和完善具有中国特色的环境保护道路做出了突出的贡献。

早在担任国家环境保护局局长的时候，曲格平就有这样的想法：通过新闻媒介，用舆论工具向破坏环境、破坏生态、浪费资源的行为宣战，让环境意识深入到各级领导和全体人民的心中。1993年，曲格平调任全国人大环境与资源保护委员会主任，他开始着手实施这一酝酿已久的想法，这就是后来在全国各地轰轰烈烈开展实施的"中华环保世纪行"。

曲格平在理论和实践上的贡献，得到国内社会各界的积极评价，同时也受到国际社会的广泛赞誉。为表彰他在制定、指导和执行具有中国特色的环境管理政策方面的献身精神和优异成就，1987年联合国环境规划署授予曲格平"联合国环境规划署金质奖章"。1992年6月，曲格平荣获联合国环境大奖，这是目前世界上在环境领域里的最高荣誉。

知识链接

曲格平先生不仅是我国环境保护开创者之一，也是我国高等学校环境事业的奠基人。在他的热情关心和指导下，1977年，清华大学创建了我国第一个环境工程专业。目前，北京大学、山东大学、中国环境管理干部学院都设立了"曲格平奖学金"，以鼓励高校积极开展环境保护等相关研究，鼓励莘莘学子为我国的环保事业努力奋斗。

地理常识与环境问题

地球自转产生的自然现象

一方面，地球除了绕太阳公转外，还以大约每小时 1690 公里的速度绕地轴作自西向东的自转。这种自转，决定了地球上的风和洋流的方向，对天气的形成产生重要影响。在我们生活的地球上，由于地球自转而产生的自然现象很多。

由于地球是一个不发光也不透明的球体，所以在同一时间里，太阳只能照亮地球表面的一半。向着太阳的半球，是白天；背着太阳的半球，是黑夜。时差正是由于昼夜不断交替而产生的。1522 年 9 月，当麦哲伦船队剩下的 18 个幸存者把一艘千疮百孔的破船驶向塞维利亚港时，整个西班牙乃至全世界都为之欢呼起来，因为这 3 年零两天的航行以 247 个生命、4 条大船的代价，雄辩地证明了地球确实是个球体。但在西班牙国王为勇士们举行的庆功宴会上，却发生了一场关于日期的争论。船员们说当天是 9 月 6 日，星期六，但当地居民却都说是 9 月 7 日，星期日！船员们拿出逐日记载的航海日历做证，但当地居民们却认为他们在漫长的岁月中出了差错，双方为此争得面红耳赤，谁也无法说服对方。

现在我们能够解释这个现象了，往东每跨越经度15度，就应该早一个小时；往西跨越经度15度，就应该晚一个小时。往东去的人与往西去的人相见，就正好跨越了地球一周360度，时间就相差了24小时。也就是说，往东边去的人时间就会比往西边去的人的时间早24小时，也就是一天。

大自然中还有许多怪现象，也都是地球自转创造的。在北半球，北风会逐渐变成东北风，东风逐渐变成东南风；而在南半球，北风渐渐变成西北风，东风变成东北风。从北极向赤道某点发射火箭，所需的时间假定是1小时，那么，当火箭到达赤道时，准会落在预定目标以西约1670公里处，原预定目标竟向东转了15度，这些"怪事"都与地球自转有关。

地球自西向东自转，而地球上的物体倾向于保持原来的运动状态，物体的运动就会产生偏向，结果就出现了风转向、火箭没有击中目标的怪事。此外，由于地球不停地自转，产生了一种惯性离心力作用。使地面上的重力加速度因纬度高低不同而不同，赤道处的重力加速度最小，两极处最大。同一物体在不同纬度上的重量也不同，在两极重1公斤的东西，到了赤道就会少5.3克。

极昼和极夜是极圈内特有的自然现象，它也是由地球自转造成的结果。地球自转时地轴与垂线呈一个约23.5度的倾斜角，因而地球在围绕着太阳公转的轨道上，有6个月的时间，南极和北极的其中一个极总是朝向太阳，另一个极总是背向太阳；如果南极朝向太阳，太阳光照射强烈，所以南极点在半年之内全是白天，没有黑夜；这时，北极则见不到太阳，北极点在半年之内全是黑夜，没有白天。到了下一个半年，则正好相反，北极朝向太阳，北极点全是白天；而南极这时则见不到太阳，南极点全是黑夜。

 知识链接 >>>

受潮汐的影响,地球自转正在减慢,每世纪使一昼夜变长0.0015秒。地球自转速度快点或慢点对人类的生活以及生态系统无关紧要,但它可能会引起一系列地球动力学方面的效应,加剧地震或火山活动。我国天文工作者和地震工作者早就注意到,我国华北地区的几次大地震,几乎都发生在地球自转减慢的时期。

四季的形成

四季变化,是地球的一大自然现象,春夏秋冬的形成是地球绕太阳公转的结果。

地球绕太阳转叫公转,转一周为一年。因为地轴是倾斜的,所以地球在公转过程中,随着地球在公转轨道上的位置不同,太阳直射在地球上的位置也不同。每年夏至(6月21日前后),太阳直射北纬23度26分,这是太阳直射的最北界线,叫作北回归线;夏至以后,太阳直射的位置逐渐向南移动,到了秋分(9月23日左右),太阳直射赤道。秋分以后,太阳

直射的位置再向南移动,到了冬至(12月22日前后),太阳直射在南纬23度26分上,这是太阳直射的最南界线,叫作南回归线。冬至以后,太阳直射的位置返回来向北移动,到了春分(3月21日左右),太阳又直射赤道;春分以后,太阳直射的位置进一步向北移动,到了夏至,太阳又直射在北纬23度26分。

在赤道附近，太阳几乎都是直射的，特别是中午时分，太阳总是在天顶附近，因此，气候终年炎热；在南、北两极地区，又因为太阳斜射的程度很大，地面接收太阳的热量很少，冬至前后的北极地区和夏至前后的南极地区甚至终日不见阳光，所以终年寒冷。又因为太阳直射在地球上的位置是在南、北回归线之间来回摆动的，当太阳直射位置偏在北半球一边，即从春分到秋分时，北半球接收的热量逐渐增加，气温升高；到了夏至以后，气温更高，这就是北半球的夏季。相反，在这一段时间里，南半球接收的热量却逐渐减少，气温降低，所以这时是南半球的冬季。同样道理，从秋分到春分，北半球从秋季逐渐进入冬季，而南半球则从春季逐渐进入夏季。

正是因为太阳直射在地球上的位置有周期的变化，所以南、北半球接收太阳热量的多少也产生了有周期变化，于是就形成了春、夏、秋、冬四季的循环。

从天文含义看四季，夏季就是一年内白昼最长、太阳高度角最大的季节；冬季就是一年内白昼最短、太阳高度角最小的季节；春秋二季就是冬夏两季的过渡季节。我国传统上以立春（2月4日或5日）、立夏（5月5日或6日）、立秋（8月7日或8日）、立冬（11月7日或8日）为起点来划分四季。但是，各地实际气候的递变与此并不一定符合。我国大部分地方立春时，在气候上正处于隆冬；立秋时，在气候上还处于炎夏。为了使季节与气候相结合，气候统计工作一般把3、4、5三个月划为春季；6、7、8三个月划为夏季；9、10、11三个月划为秋季；12、1、2三个月划为冬季。

有趣的是，地球上最宜人的时候并不在春分和秋分，最炎热和最寒冷的天气也不出现在夏至和冬至。这是因为太阳辐射加热地面、海洋和大气均需要时间，大气的冷却同样需要时间，这与地面附近气温的昼夜变化类似。一年时间内入射短波辐射能量，在夏至时最大，在冬至时最小；射出长波辐射能量在夏至后一个月达最大，冬至后一个月达最小。所以气温也在夏至和冬至后一个月达到最高和最低。同样，一年内入射辐射能量在春分和秋分时达到全年的平均值。射出辐射在春分和秋分后一个月达到全年

的平均值，所以春分和秋分后一个月，那时的气温是全年中最宜人的。在海上，一年中最高气温和最低气温不是出现在夏至和冬至后一个月，而是出现在夏至和冬至后两个月，即海洋上的气温以8月为最高，2月为最低。

知识链接 >>>

地球在其公转轨道上的每一点都在相同的平面上，这个平面就是地球轨道面。地球轨道面在天球上表现为黄道面，同太阳周年视运动路线所在的平面在同一个平面上。地球的自转和公转是同时进行的，在天球上，自转表现为天轴和天赤道，公转表现为黄轴和黄道。天赤道平面和黄道面构成一个23°26′的夹角，这个夹角叫做黄赤交角。黄赤交角使太阳直射点以一年为周期在南北回归线之间往返移动。

"五带"的划分

由于地球公转时地轴与轨道面倾斜，而且倾斜方向不变，因而导致太阳直射点徘徊于南纬 23 度 26 分和北纬 23 度 26 分之间。这一方面造成世界各地产生昼夜长短变化，另一方面则产生了气温高低的变化。

我们知道，地球上的热量主要来自太阳辐射。太阳辐射的强度随太阳高度的改变而改变，当太阳高度角达到最大值，也就是太阳对地面的仰角达到 90 度时，阳光穿过的大气层最薄，能量损失得最少，而且地面被照射的面积也最小，能量集中，地面增温快，气温高。太阳斜射时，情况则与之相反，气温则低。太阳高度是由赤道向两极逐渐变小的，结果就使太阳光热在地球

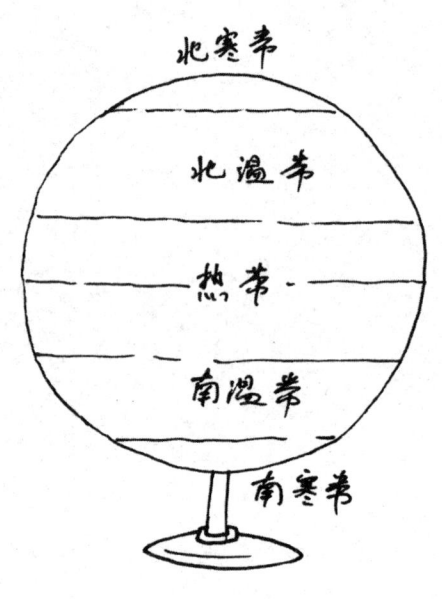

表面的分布也由赤道向两极逐渐减少，这样，就造成地球上的热量按纬度呈带状分布的现象。人们根据两条天文线把地球划分为五个地带，即热带、南温带、北温带、南寒带和北寒带。这两条天文线分别是南北纬 23 度 26 分和南北纬 66 度 34 分。前者是南北回归线，它是太阳回归运动的南北极

限，为热带与温带的分界线；后者是南北极圈线，它是极昼极夜的界线，是温带和寒带的分界线。

热带位于南北纬23度26分之间。它地处赤道两侧，占全球总面积的39.8%。在热带，太阳高度终年很大，在回归线之间的广大地区一年有两次太阳直射的机会。在赤道上终年昼夜等长，向南、北昼夜长短变化幅度渐增，但最长和最短的白昼时间仅差2小时50分。所以热带的特点是全年高温，变幅很小，只有相对的热季、凉季之分，或雨季、干季之分。

温带位于南北纬23度26分和南北纬66度34分之间。在北半球的是北温带，在南半球的是南温带，面积总共约占地球面积的50.2%。在温带，太阳高度因季节不同而发生很大的变化。夏季太阳高度较大，气温较高；冬季太阳高度较小，气温较低。温带地区夏季昼长夜短，冬季昼短夜长。昼夜长短的变化愈向高纬度地区愈显著，但没有极昼和极夜现象。

寒带位于南北纬66度34分至90度之间，泛指南、北极圈以内的两个地带。在北半球称为北寒带，在南半球称为南寒带。南、北寒带占地球面积的10%左右。那里有极昼和极夜现象，这种现象出现的时间随着纬度的增大而增加。正午太阳高度终年很低，最大也不超过23度27分。因此，阳光显得柔弱无力，形成终年寒冷的气候，所以称为寒带。

在地球表面上，热带、温带、寒带的空间分布，表明了热量的不均匀分布状况。热带是地球表面最大的热源，两极是最大的冷源，所以赤道与两极地区之间的热量传输与交换对全球性的大气环流、洋流的形成与分布具有决定意义，广大的温带地区正是冷暖气流接触和热量交换的地带，在那里形成四季分明多变的天气特征。

知识链接 >>>

在世界地理中，热带、南温带、北温带、南寒带和北寒带的划分没有考虑影响气温的海陆、地形、洋流以及气压带和风带等因素。在中国地理中，我国根据多年的气象观测记录，将温度带分为热带、亚热带、暖温带、中温带、寒温带和青藏高原区共五带一区。

地球"保护伞"

从月球上遥望地球,首先映入眼帘的是地球周围一层厚厚的白色"面纱"——大气。人类就生活在大气的"海洋"中。

大气中的氮占大气总体积的78%,它是植物生长不可缺少的肥料来源。据估计,地球上的植物每年要吸收2500万吨氮。大气中的氧气占21%,它是人类和绝大部分生物呼吸的要素。另外,大气中还含有一定比例的稀有气体、二氧化碳等。大气层的空气密度随高度而减小,空气越高越稀薄。据科学家估算,大气质量约6000万亿吨,差不多占地球总质量的百万分之一。

整个大气层随高度不同表现出不同的特点,分为对流层、平流层、中间层、暖层和散逸层。

对流层在大气层的最低层,紧靠地球表面,其厚度为10—20公里。对流层的大气受地球影响较大,云、雾、雨等现象都发生在这一层内,水蒸

气也几乎都在这一层内存在。这一层的气温随高度的增加而降低,大约每升高1000米,温度下降6℃。动植物的生存、人类的绝大部分活动,也在这一层内。因为这一层的空气对流很明显,故称对流层。对流层以上是平流层,距地球表面20—50公里。平流层的大气是平稳流动的,空气比较稳定,故称为平流层。在平流层内水蒸气和尘埃很少,在30公里以下是同温层,其温度在-55℃左右。平流层以上是中间层,距地球表面50—85公里,这里的空气已经很稀薄了。中间层以上是暖层,距地球表面100—800公里。暖层最突出的特征是当太阳光照射时,太阳光中的紫外线被该层中的氧原子大量吸收,因此温度升高,故称暖层。散逸层在暖层之上,为带电粒子所组成。散逸层上面就是星际空间了。

地球大气是地球上一切生命赖以生存和进化的基础环境条件,也是人类和地球生物的"保护伞"。第一,大气是地球上有生命物质的源泉。生物通过光合作用,进行氧和二氧化碳的物质循环,并维持着生物的生命活动,所以没有大气就没有生物,没有生物,也就没有今日的世界。地球表面的水,通过蒸发进入大气,水汽在大气中凝结,以降水的形式降落地表。这个水的循环过程往复不止,所以地球上始终有水存在。如果没有大气,地球上的水就会蒸发掉,变成一个像月球那样的干燥星球。没有水分,自然界就没有生机。第二,大气能使地面上保持适宜的温度。白天,太阳照射的时候,它使阳光带来的热量均匀分散开,地面的温度也就均匀而缓慢地上升。夜晚背对太阳的时候,地面把白天吸收的热量向空中散发出去,大气又使这种散发过程缓慢地进行,地面上的温度就不会降得太低。大气的这种作用,使地面上的温度总是保持在一个适宜于人类生活的范围内。第三,大气又像一副坚韧的盔甲,使地面避免受到那些天上射来的"炮弹"的轰击。太阳系里除了有行星、卫星、彗星之外,还有数不清的大大小小的石块,这些石块都和地球一样围绕太阳转。有的石块被地球的引力吸过来,它们的速度很大,每秒钟十几公里,有的甚至达到每秒钟七八十公里。如果就这样撞于地表,后果将不堪设想。地球周围这层大气,使那些闯进来的石块受到强烈的摩擦,越来越热,最后就燃烧起来了。在夜晚,我们

常常可以看到天空中一闪而过的流星，那就是正在燃烧的石块。大多数石块在落到地面以前就已经烧光了，变成了气体和尘埃。

地球大气本身是无色的，那天空为什么经常是蔚蓝色的呢？这是因为阳光进入大气时，波长较长的色光（如红光）透射力大，能透过大气射向地面；而波长短的紫、蓝、青色光，碰到大气分子、冰晶、水滴等时，就很容易发生散射现象。被散射了的紫、蓝、青色光布满天空，就使天空呈现一片蔚蓝了。

认识极光

在地球的南、北两极，高阔的天幕上，竞相辉映着五彩缤纷的光弧。有的像探照灯的光芒在空中晃动，有的像彩带在空中飞舞，有的像帷幕随风飘拂，有的像成串的珍珠闪闪发光……光弧的颜色或红或绿，或蓝或紫，时明时暗，构成一幅瑰丽的景观，这就是极光。

人们知道极光至少已有2000年了，但许多世纪以来，它一直是人们猜测和探索的天象之谜。当时人们一直认为极光可能是由以下三种原因形成的。第一种看法认为极光是地球外面燃起的大火，因为南北极地区临近地球的边缘，所以能看到这种大火。第二种看法认为，极光是红日西沉以后，透射反照出来的辉光。第三种看法认为，极地冰雪丰富，它们在白天吸收阳光，贮存起来，到夜晚释放出来形成极光。18世纪中叶，瑞典一家地球物理观象台的科学家发现，当该台观测到极光的时候，地面上的罗盘的指针会出现不规则的方向变化，变化范围有1度之多。与此同时，伦敦的地磁台也记录到类似的现象。由此他们认为，极光的出现与地磁场的变化有关。

随着科技的进步，极光的奥秘也为我们所认知，原来，这美丽的景色是太阳与大气层"合作表演"出来的作品。在太阳创造的诸如光和热等形式的能量中，有一种能量被称为"太阳风"。太阳风是太阳喷射出的带电粒子，是一束可以覆盖地球的强大的带电亚原子颗粒流。太阳风在地球上空环绕地球流动，以大约每秒400公里的速度撞击地球磁场。地球磁场形如漏斗，尖端对着地球的南北两个磁极，因此太阳发出的带电粒子沿着地磁场这个"漏斗"沉降，进入地球的两极地区。两极的高层大气，受到太阳风的轰击后会发出光芒，形成极光。在南极地区形成的叫南极光，在北极地区形成的叫北极光。那极光为什么会色彩斑斓呢？这是因为高层大气是由多种气体组成的，不同元素的气体受轰击后所发出的光的颜色不一样。例如氧被轰击后发出绿光和红光，氮被轰击后发出紫色的光，氩轰击后发出蓝色的光，因而极光就显得绚丽多彩，变幻无穷。

由于极光的形成与太阳活动息息相关，所以遇到太阳活动极活跃时，人们就可以看到比平常更为壮观的极光景象，甚至在许多以往看不到极光的纬度较低的地区，也能有幸看到极光。2000年4月6日晚，在地球北半球一般看不到极光的地区，甚至在美国南部的佛罗里达州和德国的中部、南部广大地区出现了极光。当夜，红、蓝、绿相间的光线布满夜空中，场面极为壮观。虽然这是一件难得一遇的幸事，但往日平淡的天空突然出现了绚丽的色彩，在许多地区还造成了恐慌。

极光被视为自然界中最美丽的奇观之一，但有时会对通信、交通带来严重影响。美国西北部的阿拉斯加的出租汽车司机，在极光强烈活动时竟收到来自东部新泽西州的调度命令。1859年，历史上有记载的最离奇的一次极光产生的感生电流强大到美国的电报员可以不用电池，便将电报从波士顿发到了波兰。有时，极光还伴有强大的破坏力。1972年，由于太阳强烈的耀斑形成的极光，使加拿大哥伦比亚的一台23万伏变压器炸毁，还造成美国缅因州至得克萨斯州的一条高压输电线跳闸。

尽管如此，极光还是引起了科学家们的极大兴趣。怎样利用极光所产

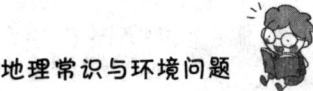

生的能量为人类造福,是当今科学界的一项重要使命。

极光被认为是未来很有希望的新能源,是"地球发电机"发出的希望之光。据估算,极光发射出的电量高达1亿千瓦。科学家设想,将来在北极或南极地区建造一座高达100千米的巨型塔架,用适当的方法把高空中极光的电能接收下来供人们使用。

奇妙的海市蜃楼

在平静无风的海面航行或在海边瞭望，往往会看到空中映现出远方船舶、岛屿或城郭楼台的影像；在沙漠旅行的人有时也会突然发现，在遥远的沙漠里有一片湖水，湖畔树影摇曳，令人向往。可是当大风一起，这些景象突然消逝了。原来这是一种幻景，通称海市蜃楼，或简称蜃景。

自古以来，蜃景就为世人所关注。我国古代把蜃景看成是仙境，秦始皇、汉武帝曾派人前往蓬莱寻访仙境，还屡次派人去蓬莱寻求灵丹妙药。在

国外，也有许多关于蜃景奇观的记载。1913 年，美国的一个探险队去寻找一座神秘的高地，这个高地是探险队中的一个成员在不久前发现的。探险队为了证实这个新发现，乘船驶过冰山海域，然后登上冰川，步行前进，直到探险队看到那个被称之为新发现的大山时，景象慢慢改变了。最后，随着地球和太阳转动，探险队面前的景观消失得一干二净。高山化为乌有，留下的只是广阔无垠的冰山海洋。事后，探险队认识到，他们上了自然界的当，海市蜃楼骗了他们。

地理常识与环境问题

  在战争史上，也有蜃景的记录。1798 年，拿破仑的军队在埃及沙漠中行进，茫茫沙漠中突然出现迷乱的景象，一会儿出现一个大湖，顷刻间又消失了。一会儿又是一片棕榈树林，转眼间又变成荒草的叶子。士兵们被弄糊涂了，以为世界末日来临，纷纷跪下祈求上帝来拯救自己。第一次世界大战时，在一次沙漠会战中，一队英国炮兵正在射击，突然间，射击目标变成了一座海市蜃楼，指挥官被眼前发生的一切弄得莫名其妙，不得不停止炮击。另一次，一位德国潜艇艇长通过潜望镜看到美国纽约市，他以为自己指挥的潜艇跑错航线，进入美国海域，赶紧下令撤退。其实，这位艇长也是受了蜃景的欺骗。

  为什么会产生海市蜃楼这种现象呢？原来，空气本身并不是一个均匀的介质，在一般情况下，它的密度是随高度的增大而递减的，高度越高，密度越小。当光线穿过不同高度的空气层时，总会引起一些折射，但这种折射现象在我们日常生活中已经习惯了，所以不觉得有什么异样。可是当空气温度在垂直变化的反常，并会导致与通常不同的折射和全反射，这就会产生海市蜃楼的现象。

  由于空气密度反常的具体情况不同，海市蜃楼出现的形式也不同。在夏季，白昼海水温度比较低，特别是有冷水流经过的海面，水温更低，下层空气受水温影响，较上层空气冷，出现下冷上暖的反常现象（正常情况是下暖上凉）。下层空气本来就因气压较高，密度较大，现在再加上气温又较上层低，密度就显得特别大，因此空气层密度下大上小的差别异常显著。假使在东方地平线下有一艘轮船，一般情况下我们是看不到它的。如果这时空气下密上稀的差异太大了，来自船舶的光线先由密度大的气层逐渐折射进入密度小的气层，并在上层发生全反射，又折回到下层密度大的气层中来；经过这样弯曲的线路，最后投入我们的眼中，我们就能看到它的像。由于人的视觉总是感到物像是来自直线方向的，因此我们所看到的轮船映象比实物抬高了许多，所以叫作上现蜃景。

  在沙漠里，白天沙石被太阳晒得灼热，接近沙层的气温升高极快。由于空气不善于传热，所以在无风的时候，空气上下层间的热量交换极小，这样就使下热上冷的气温垂直差异非常显著，并导致下层空气密度反而比上层密度小的反常现象。在这种情况下，如果前方有一棵树，它生长在比较湿润的一块地方，这时由树梢倾斜向下投射的光线，因为由密度大的空气层进入密度小的空气层，会发生折射。折射光线到了贴近地面热而密度小的空气层时，就发生全反射，光线又由近地面密度小的气层反射回到上面密度较大的气层中来。这样，经过一条向下凹陷的弯曲光线，把树的影像送到人的眼中，就出现了一棵树的倒影。由于倒影位于实物的下面，所以又叫下现蜃景。

无论哪一种海市蜃楼，只能在无风或风力微弱的天气条件下出现。当大风一起，幻景顿时消失。这是因为这种空气层极不稳定，大风一刮，上下层空气搅动混合，上下层空气密度没有什么差异了，光线就不会出现折射和反射的现象了。

知识链接 >>>

海市蜃楼有两个特点：一是在同一地点重复出现，比如美国的阿拉斯加上空经常会出现蜃景；二是出现的时间一致，比如我国蓬莱的蜃景大多出现在每年的五六月份，俄罗斯齐姆连斯克附近蜃景往往是在春天出现，而美国阿拉斯加的蜃景一般是在6月20日以后的20天内出现。

"生物圈二号"实验

作为自人类诞生以来的第一个生存环境,科学家们将地球称为"生物圈一号"。但将数十亿人的身家性命寄托在唯一的生存环境下,似乎是一种非常不明智的行为,特别是在这个生存环境变得越来越脆弱的时候。因此,科学家们想到了通过建立一个封闭的实验性生态系统,来研究人类是否有可能建立一个模仿地球的独立生态系统并生存在其中的问题。历史上,这样的研究以不同的形式进行过多次,其中最著名的要数美国科学家进行的"生物圈二号"实验。

"生物圈二号"建于美国亚利桑那州图森市以北沙漠中。这个庞大的科学工程从 1986 年设计,次年动工,至 1991 年完工,共花费 1.5 亿美元。为了隔绝外界物质进入这个封闭的系统,整个建筑进行了很好的密封。建筑的外部装配了双层玻璃板,地面部分则整个用不锈钢板焊接起来,并加上了钢垫。为了达到良好的气密效果,建筑内部的气压略高于外界。为了维持这个压力差,工程人员在建筑内设计了两个类似"肺"的可变体积空间,利用体积的变化平衡因温度变化而引起的内外气压差的变化，达到维持压力并保护建筑结构的目的。建成后的"生物圈二号"，在正常状态下与外界基本隔绝，唯一能够从外界获取的能量就是从玻璃窗透入的自然光，以及维持实验和监控设备运转所需要的电力。

"生物圈二号"面积相当于3个足球场大，引入了3800多种生物，包括鸡、羊、猪、蜂、鸟、鱼和各种有益的昆虫及微生物，布置成森林生态系统、草地生态系统、水和沼泽生态系统、农田生态系统和海洋生态系统，还有供人研究和生活用的楼房和人造风雨设施。"生物圈二号"的设计寿命是100年，科学家们希望人在这个系统中能实现长期自给自足的生活，进而为人类开发太空、建立生存模型、探讨人与生物间的关系、保护生态环境、实现可持续发展等提供依据。

1991年9月26日，全球所有主要媒体均在头版头条刊登了一条激动人心的消息：由美国太空生物圈风险投资公司建立的"生物圈二号"投入运行，8位科学家笑容满面地进入这个全封闭温室，开始了与世隔离的生活。本来预期他们与世隔绝两年，可以靠吃自己生产的粮食，呼吸植物释放的氧气，饮用生态系统自然净化的水生存。但18个月之后，"生物圈二号"系统严重失去平衡：氧气浓度从21%降至14%，不足以维持研究者的生命，输入氧气加以补救也无济于事；原有的25种小动物，19种灭绝；为植物传播花粉的昆虫全部死亡，植物也无法繁殖。事后的研究发现：细菌在分解土壤中大量有机质的过程中，耗费了大量的氧气；而细菌所释放出的二氧化碳经过化学作用，被"生物圈二号"的混凝土墙吸收，又打破了循环。此次失败的实验项目在社会上引起了广泛的争论，从事此项实验的科研机构的威信大受影响。

1994年3月，7名科学家再次进入"生物圈二号"进行第二次实验，这种努力在1年半之后再次以失败告终。

虽然"生物圈二号"实验目标并未达成，但是这也给人类上了很好的一课：大自然并非我们想象的那样简单，复杂的系统关联中，可能每一缕轻风都是于生命所不可或缺的。我们现今还不能离开地球，目前最好的办

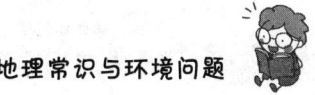

法还是保护和利用好地球,进行环境保护和生态恢复是实现人类可持续发展的必由之路。

知识链接 >>>

人造生物圈对于人类发展具有重要意义,因而对它的探索仍未结束。如果人和动植物被证明在这密封的自给自足空间内能够长期生存,并维持良好的生态平衡,则人类就不仅不怕将来地球变成不毛之地,而且可以进一步考虑在太空中或在附近的星球,如月球或火星上,建立一些居民点,为将来更大规模地向这些星球移民做准备。

干渴的"水球"

水占地球表面积的71%，假如你站在月球上看地球，展现在你眼前的将是一个比月亮大15倍的"蓝色星球"，那是地球上广阔的海洋反射太阳光形成的动人景象。说得准确一点，我们生活着的地球应该叫作"水球"。"三山七水一分田"这句俗语，比较形象地概括了地球表面的情况。据权威人士估计，如果把地球上的水平铺在地球的表面，那么地球就会变成一颗平均水深达2700多米的"水球"。然而，在水量

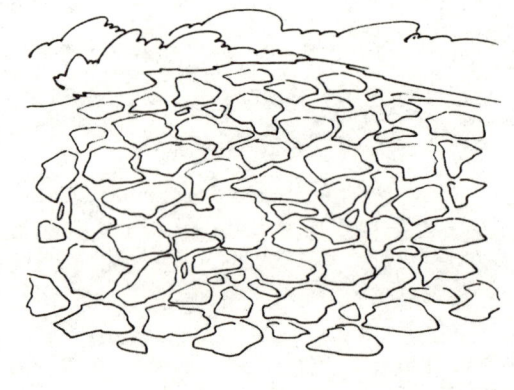

如此丰富的地球上，人类却常常深感用水不足，不少地方甚至闹水荒，这到底是怎么回事呢？

地球上，人类可直接利用的淡水资源是相当少的。地球上的水总储量约14亿立方公里，但这些水98%是咸水，主要分布在海洋中。剩下的2%的淡水也不能全为人类所应用，因为88%的淡水被冻在两极的冰川里；另外12%即河流、湖泊和能开采的浅层地下水才可为人类应用，其中绝大多数又为地下水，不开采不能应用。这样算下来，人类可直接应用的河流、湖泊中的水，只占淡水总量的0.04%。

自古以来，人类就在巧妙地利用地球上各种各样的水，并同各种各样的水患进行斗争。在同水的交往中，人类不断地探索它的奥秘，逐渐熟悉了水的世界，也了解到水对人类的贡献，认识到水是生命的源泉。随着人口和工农业生产的飞速发展，人类的用水量剧增。根据科学家测算，公元前一个人每天大概耗水12升；中世纪增加到40升；18世纪工业革命开始后耗水猛增，达到60升；20世纪以来，全世界的工业用水量增长了20倍，农业用水量增长了7倍。现在，工业出1吨石油，需要10吨水；炼1吨钢，需水20吨；生产1吨纸张，需用水200吨。农业上，每生产1吨玉米，要有1000吨水的投入；生产1吨小麦，需1500吨水付出；至于水稻，生产1吨竟需水4000吨。目前，人类每年消耗的水资源总量达30000亿吨。这一方面造成了淡水资源的短缺，另一方面还加剧了水污染。据估计，全世界每年约有4200亿立方米的污水排入江河湖海，使55000亿立方米的淡水资源受到了污染！

地球上的水总是处在变化之中，因为水资源的流动性质，形成陆地的水涝或干旱，造成水资源分布不均衡，世界上每年约有65%的水资源集中在10个国家里，而人口共占世界总人口的40%的80个国家却严重缺水，另26个国家的水资源很少，我们称这些国家为缺水国家。国际上对缺水国家的标准是：如果一个国家所拥有的可更新的淡水供应量在每人每年1700吨以下，那么这个国家就会定期或经常处于少水的状态；如果每人每年水供应量在1000吨以下，那就会感到水紧缺。目前平均年每人供应水1000立方米以下的国家有15个。在这些国家中，马耳他年人均只有82立方米，其缺水情况位居缺水国家之首。除马耳他外，最缺水的国家还有卡塔尔、科威特、利比亚、巴林、新加坡、巴巴多斯、沙特阿拉伯、约旦、也门、阿尔及利亚、布隆迪、佛得角、阿曼、阿联酋、埃及。

我国水资源总量为28000亿立方米，居世界第六位。但由于人口众多，耕地广阔，人均水拥有量只有2700立方米，居世界第88位。这个数字仅相当于美国的1/5、俄罗斯的1/7、加拿大的1/48。如果不注意保护水资源，我们国家很多城市可能有一天没有水用，没有水吃！

21世纪,水资源危机很可能取代能源危机而成为人类面临的更严峻的问题。石油、煤炭没有了,可以用核能、太阳能来代替;钢铁不够用了,可以用铝、钛甚至塑料来顶上。可是水呢?水却没有替代品,任何别的东西都代替不了水在自然界和在人类社会中的作用。没有水,人类只能束手待毙!

面对水危机,我们地球上的每一个公民,都应该同"取之不尽,用之不竭"的陈旧观念决裂,共同开源、节流、保护、管理。宁可未雨绸缪,毋等临渴掘井!

知识链接 >>>

世界淡水资源最丰富的大洲是南极洲,南极洲面积有1400万平方公里,95%以上的面积常年被冰雪覆盖,形成一巨大而厚实的冰盖,它的平均厚度达2450米,冰雪总量约2700万立方公里,占全球冰雪总量的90%以上,储存了全世界可用淡水的72%。

"马纬度"溯源

地球上对纬度的表示,是把赤道作为零纬度,南北两极点作为90度来进行划分的。经度则是将地球在东西方向分成两个180度,将零度定在英国的格林尼治,分别向东180度和向西180度。但是,在气象、海洋及航海界的书籍、文献和海图中,经常在地球南、北纬25—35度附近的洋面出现一个马纬度的古怪名字。马纬度是什么纬度呢?

马纬度名字的出现跟航海史有密切的关系。人们很早就发现了,地球上有些地带刮风的风向几乎是全年恒定不变的,这被称之为定向风。哥伦布是第一个全面了解并充分利用了大西洋有规律风系的航海家。他在发现新大陆前,就已经有过好几次航海经验,他知道低纬度地区总是刮东风,中纬度地区则经常刮西风。所以哥伦布寻找新大陆的第一次航行,是沿着加那利群岛的纬度(约北纬28度),巧妙地借助东风向西驶去。但在

返回西班牙时，他精明地先向北行驶到亚速尔群岛的纬度（约北纬39度），然后才张满风帆，乘着浩荡西风返回欧洲。

航海家们利用的这种低纬度东风，在南北半球都有。北半球以东北风为主，南半球以东南风为主，年年如此。

自从发现了新大陆以后，西欧的商人们便纷纷组织大批船队装运马匹运往美洲，因为在那儿原来没有马，运输和农耕都很不方便。然而奇怪的是，当船队沿着北纬30度附近的大西洋航行时，常常遇到海面上死一般的寂静，没有风，闷热异常，帆船便无可奈何地在原地打转，乖乖等候顺风的到来，而有时一等就是半月。时间长了，马匹因缺少淡水、饲料纷纷病倒、死亡，水手们一时吃不掉那么多马肉，最后不得不将死马成批抛进大海。当时人们恐惧地把这一无风地带叫作"马的死亡线"，又称"马纬度"。

为什么"马纬度"中的天气风力微弱，天气炎热呢？这是由于地球各地区受到的光热不同造成的。在终年炎热的赤道地区，大气受热膨胀上升，这样在赤道上空聚集的空气越来越多，形成高气压，于是开始向南北两个方向分流。在赤道上空分流的空气，在地转偏向力的影响下，北半球南风右偏、南半球北风左偏。当空气运行到南北纬30度附近高空时，不能继续前进，产生下沉气流，致使近地面气压增高，形成副热带高气压带，而"马纬度"恰好就是副热带高压中心经常控制的海区。由于这里没有水平方向运动的空气，因而缺云少雨，风也很少出现，形成无风带，这就是"马纬度"的秘密所在。

随着科学技术的进步和造船工业的发展，海上航运的帆船时代早已成为历史，机械动力和核动力舰船正活跃在海洋上。但人们现在仍然重视马纬度，不过不再把它视为海上的航行的禁区；相反，那里常有的晴朗天气、风微浪小的海面状况，倒是更适合船舶航行。沿着这条航线跨洋越海，进行洲际航行，虽说路途远了些，也缺少风来提高船速，但也免却了许多风袭浪击和危险天气系统的危害，安全系数大大增加了。

地理常识与环境问题

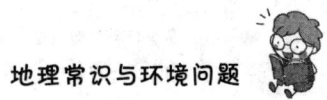

知识链接 >>>

"马纬度"一词早年多为欧美各国所常用,如今经常见于气象、海洋及航海界的书籍、文献及海图中,已经成为副热带高压脊所在纬度的别称。其实,不仅是"马纬度"无风,赤道海区、南北纬60度海区也都是无风带。

信风与大气环流

地球上的空气是很活跃的，它总是从气压高的地方流向气压低的地方，并且遇热就膨胀上升，遇冷或聚集就下沉。按理讲，这种低空的风在北半球应是北风，南半球应是南风，但是又由于地转偏向力的影响，北半球的北风偏转成为东北风，南半球的南风偏转成东南风。这种风的方向少变，一向很守"信用"，常年吹着一个方向，因此，海员们称之为"信风"。古代的航海家和商人，在多年的航海生涯中，逐渐掌握了这个规律。他们在信风的帮助下，往来于大西洋和太平洋，同各大洲进行贸易往来，因此，这种信风又有"贸易风"之称。

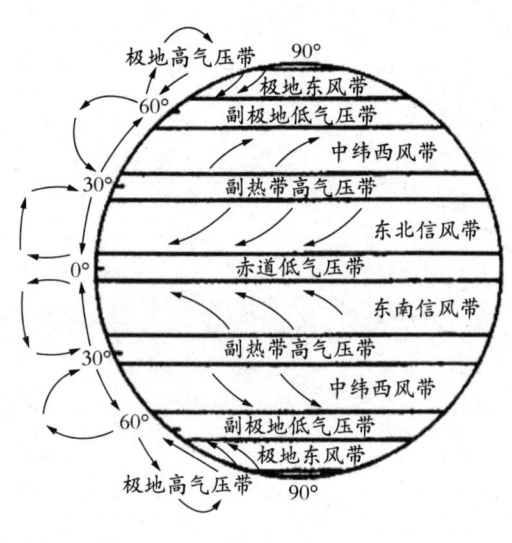

随着航海事业的发展，人们更加急于了解，地球上为什么会有南北对称分布的信风带及无风带，信风为什么能这样"信守"自己的方向，又是什么力量掌握着信风的方向呢？

首先发现信风的是英国天文学家哈雷，他因计算出一颗著名彗星的回归周期而享誉全球，这颗彗星后来就以他的名字命名。1686 年，哈雷在一

地理常识与环境问题

本叫作《哲学学报》的杂志上发表他的信风理论,综述了三大洋盛行的风,并附了一张风图。文中正确地描述了热带风的基本特征——赤道无风,赤道以北盛行东北信风,以南则为东南信风。他认为信风的形成与太阳供给赤道较多的热有关。1688年,他又根据收集来的海洋上测风资料,绘出了北纬30度到南纬30度的世界上第一幅信风分布图。这种全球信风分布图,由于来自实践,有观测资料作为基础,因此在航海中起了很大作用。当时人们都参照信风图来科学地安排航行,把从英伦三岛到澳大利亚之间的航期由250多天缩短到150天左右。这件事激起了人们进一步研究信风的兴趣,许多学者积极收集资料,并作理论的探讨。

1735年,另一位英国天文学家哈得莱发表了《关于信风之起因》一文,正确地解释了信风现象,从而创立了经圈环流的理论,并修正了哈雷关于西风是因太阳向西运行所造成的错误说法,而首次考虑地球自转对大气环流的影响。哈得莱认为,赤道地区接收的太阳热量要比极地多得多,因而赤道地区的空气受热变轻,产生上升运动,极地的空气受冷变重,产生下沉运动。这样高空空气就由赤道向极地补充,低层空气则由极地流向赤道,从而形成一个沿经线方向运动的闭合的大环流圈。由于地球自转的影响,水平运动的物体都会发生偏向,在北半球向右偏,在南半球就向左偏。因此低层由极地流向赤道的气流就分别偏折成北半球的东北信风和南半球的东南信风;而高空由赤道流向极地的气流也都受到偏折,而形成高空的西风带,因下沉作用,又形成中纬度的地面西风带。

哈得莱的这种环流理论,今天看来虽然相当粗糙,但在当时这个理论却成为日后气象学家研究大气环流的重要基础之一。为了纪念他的功绩,至今人们还把地球上赤道附近的经圈环流称为"哈得莱环流"。

哈得莱考虑到了地球自转的因素,但当时他还没有发现造成物体偏向的力,这个力是由法国数学家和物理学家科里奥利提出的。科里奥利小时候很喜欢郊游,经常跟着老师到野外观察。他发现北半球的大河,在两岸地质条件相似的情况下,总是右岸比左岸冲刷得厉害,这种奇怪现象在他幼小的心灵里便留下了难以忘却的疑问。他长大后经过反复研究,证明这

是由于地球的自转在地球表面产生了一种能使运动物体的方向发生偏斜的力，并把它叫作"地球自转偏向力"。后来人们为了纪念这种力的发现者，也把它叫作科里奥利力，简称科氏力。

曾经当过中学教师的美国人威廉·费雷尔，于1856年第一次把地球自转偏向力正确应用于解释大气环流，他用数学方法证明风受地球自转影响而偏向。他指出，正是由于地球自转偏向力的作用，才使北半球低纬度地面的盛行风向由北风右偏为东北风，南半球则由南风左偏为东南风。费雷尔还首次提出中纬度地区也存在一个经向环流圈，这里的近地面风向原来是从低纬向高纬流动的，但由于科氏力的作用，北半球的南风偏转成西南风，南半球的北风偏转成西北风，从而形成了中纬度地区的盛行西风带。由于这一环流圈的流向与哈得莱环流相反，所以人们称之为逆环流，同时也叫作"费雷尔环流"。

一个地方气候特点的形成，主要受纬度、海洋、地形、大气环流等因素的影响。而且，这几个因素往往同时对一个地区产生不同程度的影响，所以，世界上也就出现了千差万别的气候。

知识链接 >>>

从气温高的地方流向气温低的地方的气流，空气中的水汽容易凝结，形成降水。受这种气流控制的赤道低气压带、西风带等地区，都是气候比较湿润的地区。从气温低的地方流向气温高的地方的气流，空气中的水汽不容易凝结。受这种气流控制的副热带高气压带和信风带等地区，一般来说是气候比较干燥的地区。

奇特的焚风

提起风,无人不知。气象学把风定义为:空气的水平运动。但有的时候,"风"的含义不仅仅是"空气流动",如海陆风、龙卷风、干热风、白毛风、峡谷风,等等。这些都是以风命名的天气现象和天气系统,各有特定含义。气象学家把那些从高处急剧向低处吹的风叫作焚风。

焚风,顾名思义,是一种像火一样又干又热的风。这种风在世界上很多山区都能见到,尤以欧洲的阿尔卑斯山、北美洲的落基山等地最为有名。阿尔卑斯山脉在刮焚风的日子里,白天温度可突然升高20℃以上,初春的天气会变得像盛夏一样。这种奇特而"怪异"的风是如何形成的呢?

最早对焚风进行研究的是奥地利气象学家、气候学家汉恩。他1877年曾担任维也纳中央气象台台长兼大学教授。从1883年一直到1920年,一直担任德国和奥地利两国的气象杂志主编。1866年,汉恩提出了焚风成因理论,并解释了焚风带来的高温现象。原来,焚风是由于气流越过高山后下沉造成的。当一团空气从高空下沉到地面时,每下降1000米,温度平均

升高6℃。这就是说，当空气从海拔4000—5000米的高山下降至地面时，温度会升高20℃以上，使凉爽的气候顿时热起来。

焚风出现后，一般都会造成严重的自然灾害。它常常使果木和农作物干枯，降低产量，使森林和村镇的火灾蔓延并造成损失。19世纪，阿尔卑斯山北坡几场著名的大火灾，都是发生在焚风盛行时期。焚风在高山地区可大量融雪，造成上游河谷洪水泛滥；有时能引起雪崩。如果地形适宜，强劲的焚风又可造成局部风灾，刮走山间农舍屋顶，吹倒庄稼，拔起树木，伤害森林，甚至使湖泊水面上的船只发生事故。

2002年11月14日夜间，焚风在奥地利部分地区形成强烈风暴，并以高达160公里的时速袭击了所有农田和村庄。焚风暴所过之处，数百栋民房屋顶被风刮跑或压垮，许多大树被连根拔起或折断，电力供应和电话通信中断，公路、铁路交通受阻。此次焚风造成两人丧生以及数百万欧元经济损失。

此外，焚风天气出现时，许多人会出现不适症状，如疲倦、抑郁、头痛、脾气暴躁、心悸和浮肿等，这种症状被称为"焚风病"。医学气象学家认为这是由于焚风不仅有干热的特点，而且还具有带电的特性造成的。

焚风并非一无是处，有时它也能带来益处。如北美的落基山，冬季积雪深厚，春天焚风一吹，积雪很快消融，雪水使大地长满茂盛的青草，为家畜提供了草场，因而当地人把焚风称为"吃雪者"。一些程度较轻的焚风，能增高当地热量，加速玉米和果树的成熟期，如俄罗斯高加索和乌兹别克斯坦塔什干绿洲的居民，便把焚风称为"玉蜀黍风"。还有，位于中纬度的瑞士，在焚风盛行区域，能生长月桂、山茶、无花果等亚热带植物，这也是焚风的功劳。

在我国天山南北、秦岭脚下、川南丘陵、金沙江河谷、大小兴

安岭、太行山下、皖南山区，都能见到焚风的踪迹。2004年5月11日，台湾的台东市刮起焚风，40.2℃的高温创下了台东百年纪录。地处太行山东麓的石家庄年平均焚风为19天，最多的年份可达49天。

播云布雨水循环

天太旱了，人们都盼着下雨。阴雨天连续时间长了，人们又希望赶快晴天。天上哪儿来的雨水呢？原来，地球表面的水，在太阳照射下，都会受热蒸发。大气中含有的水汽多了，冷却凝结降落下来，就是下雨了。

地球上降雨的主要水源是海洋。海洋上空那饱含水汽的暖湿气团进入陆地上空以后，如果遇到寒

冷气团在底下顶托，或遇到山地阻拦，就会抬升。暖湿气团的温度随高度的升高而降低，饱和度也就降低，空气中所含过多的水分就要冷却凝结，成云致雨。受到海洋暖湿气团影响的地区雨量多，而海洋暖湿气团影响不到的地方就干旱少雨。所以，陆地上下的雨，可以说就是"海龙王"的恩赐。

海洋中的水总在蒸发，年年都要把大量的水倾泻到陆地上，长此下去大海会不会干涸呢？这倒不用担心，因为海洋里的水也好，陆地上的地表水、地下水也好，都不是孤立存在的，它们之间存在着相互依存、相互转化的关系。自然界里的水和世上万物一样，也处在不停的运动变化之中。从空中降落到地面的雨水，一部分流入江河，又汇入海洋；一部分渗入地

地理常识与环境问题

下,地下的水在适当条件下又涌出地面,进入江河湖泊,流入海洋;还有一部分又被蒸发回到空中。海洋及地面上的水,蒸发以后变成水汽又会进入空中,再次降落到地面或海面上。这个过程循环往复,永无休止地进行着。这就是水循环,它是地球上太阳所能推动的各种循环的一个中心循环。正因为有了水的循环,所以天上的雨水下不完,河里的水流不尽,海洋里的水既不会干涸,也不会因千万条江河的水不停地灌注进去而无限制地上涨。

推动水循环的永恒动力是太阳辐射。进入地球上的太阳能,约有23%消耗于海洋表面和陆地表面的蒸发上,当水汽凝结时,这些能量又重新释放出来。就全年平均情况来看,大约从北纬40度到南纬30度是一个广大的辐射过剩区域,而极地周围的高纬度地区是辐射亏损区。海陆之间,在不同的季节有着不同的亏损和盈余。只有把热量从盈余的地区向亏损的地区输送,才能达到全球的能量平衡。而水分循环是这种能量输送的主要途径之一。水在海洋中能够形成洋流,水又能够以气液变化的形式来大量地储存和输送能量。这种能量输送保持了全球的能量平衡,使得辐射的亏损区不至于太冷,辐射过剩区不至于太热,为生物提供了一种适宜的生存环境。

有时水循环会出现一些较特殊的情况:在高纬度和高海拔区,自大气层降下的不是水而是雪,落在极地地区或山地的雪积久可成冰,水因此得到保存,算是退出循环,退出时间一般为几十年、几百年或几千年。因此,冰雪的固结与消融,影响着参与水循环的水的总量,进而影响全球海面变化。

水循环把地球上所有的水,无论是大气、海洋、地表还是生物圈中的水,都纳入了一个综合的自然系统中,水圈内所有的水都参与水的循环。像人体中,从饮水到水排出体外只要几个小时;大气中的水,从蒸发进入大气,到形成降水离开大气,完成一次循环要8—10天。世界大洋中的水,如果都要蒸发进入大气,完成一次水分循环的过程,需要3000—4000年。

水循环对于地球上的生命具有重大的意义。由于水分循环的存在,使

得水成为地球上最活跃的物质。正是由于这种年复一年、日复一日永不停息的水分循环，才使得大气圈气象万千，使得地球表面千姿百态，生机盎然。

知识链接 >>>

云雨过程是全球水循环中最活跃的环节。鉴于当前世界各地淡水资源紧张的情况，开发和利用大气水资源的课题已经提到议事日程。1990年召开的第二次世界气候大会，在其科技声明中就已经把云和水循环列为应加强研究的领域的首位。

"次声"的妙用

声音起源于发声体的机械振动,这种振动通过弹性媒介传播,于是便形成了声波。人之所以能听到声音,是因为声波传入耳朵,引起了鼓膜振动,刺激听觉神经的结果。但是,人耳能听到的声波频率有一定的范围,大约从20赫兹到两万赫兹,这个范围内的声波叫可听声波,大于两万赫兹的声波叫超声波,低于20赫兹的声波叫次声波。既然人类的耳朵听不到次声波,那它又是怎么被发现的呢?

1932年的夏天,一位气象学家随着苏联探险船到北冰洋考察,他在放送高空气象探测气球时,将脸颊无意贴到了气球上,感到了一种剧烈的振荡。当天夜晚,探险船遭到了强风暴的袭击。气球的振荡和未来的风暴是巧合,还是有必然的联系?苏联科学家进行了研究,经过多次实验发现,在气球发生强烈振荡后,往往会有强风暴出现,而气球的这种振荡频率小于20赫兹,它是由海面上传来的一种声波引起的。

次声波的穿透力很强,在空气中能以1200多公里的时速传播。那么,

有哪些东西可以发出次声波呢？在自然界火山爆发、地震、台风中心、暴风骤雨、电闪雷鸣、晴空湍流、流星坠落、极光辐射、海面波浪以及许多生物都能发出次声波。人工次声源也很多，如核弹爆炸、火箭腾空、大炮发射、飞机飞行、急驶的车、航行的船、高楼大厦摇晃、大桥大坝震动、大功率机器运转、剧烈的化学反应等，都能发生较强的次声波。由此看来，无论从陆地到海洋，从森林到高原，从地面到高空，次声波是无所不在的，甚至我们的人体在某种意义上也是次声波发射源。人的心脏除平时我们熟悉的脉动以外，还存在着一个频率为1.2赫兹的听不到的次声搏动，而肺在呼吸时发出的次声振动的频率更低，只有0.25—0.3赫兹，这是任何高明的医生也听不到的。但这些次声波振动已能被记录下来，成为研究心、肺机能的一种补充手段。

既然我们生活的环境中到处都有次声波，那就不得不考虑它对生活和人体的影响了。研究发现，1—3赫兹的次声波可使人产生恐惧，使动物烦躁不安。强地震前引起"青蛙跳出井，老鼠逃出洞，牛羊蹦出厩"的现象，就是这个频段的次声引起的；3—8赫兹的次声波可引起人的神经混乱，使人失去意识能力；8—11赫兹的次声波可使人思想集中，增强学习能力；13—40赫兹的声音，可以影响人的意志和感情。

由于人的脏器共振频率大概在几赫兹到十几赫兹范围内，在更强次声波作用下可能也会导致五脏俱裂。1948年，一艘名叫"乌兰格梅达"的轮船在航海途中，全体官兵莫名其妙地死去，奄奄一息的报务员坚持拍发了SOS国际呼救信号。等营救人员赶到时，报务员也一命呜呼了，其余全体海员僵死在各自的岗位上，脸上都凝固着恐惧的表情。其肇事者是谁？成了多年来的难解之谜。多年来科学家经过锲而不舍的追踪研究，终于解开了这一神秘之谜，确认这一海难事件的罪魁祸首是辽阔海面上产生的次声波。

实验发现，次声波在空气中传播时声能的损失缓慢，因此，次声波能传得很远。如1961年，苏联进行1500万吨核试验时，次声波足足绕了地球5圈。由于次声波在空气中每秒能传播340米远，而风暴只能传几十米

地理常识与环境问题

远,因而次声波总是在风暴到来之前出现。有些动物可以接收到次声波,如海洋中的水母就具有这一本领,它的腹部有一个共振腔,腔内生着一个柄,桐上有个球,球内有小小的"听石"。当风暴激起的8—13赫兹的次声波冲击听石时,就刺激球壁内的神经,水母就"听到"次声了,它就及早游向深水或藏到岩石缝隙里,躲避大风浪的袭击。科学家从水母那儿得到启发,造出了"水母耳风暴预测器",它能提前十个小时对风暴做出预报。

此外,利用次声远距离传播的特性,还可以进行海啸、地震、火山爆发、磁暴等自然现象的预报,甚至还可以用高灵敏度的次声波探测器来监视火箭发射和核试验。用这种方法可听到1500公里外的宇宙飞船的发射,测知5000公里外地震的发生,人们还可以在地球表面搞些定点爆破,让它发生的次声去巡游地球,将地下矿藏和地球内部构造的丰富资料带给人们。我们相信,随着科学技术的发展,次声波的研究一定可以兴利除弊,使之更好地造福于人类。

知识链接 >>>

有科学家认为,百慕大三角区之谜的罪魁祸首可能就是次声波。因为该区域的天气变化极其剧烈,赤道上的热空气与北极的冷空气在此相遇,从而导致剧烈的飓风和龙卷风。猛烈的风暴产生强大的次声波,破坏途经那里的舰船、飞机等。另外,那里的海底地理环境也极其复杂,常常会发生海底地震、海底火山喷发,这些也是强次声波的源泉。

诺曼底"气象战"

在战争中,如何正确利用气象条件,达到克敌制胜的目的,是古今中外有才能的军事家十分重视的问题。大家都很熟悉的诸葛亮"借东风",就是我国古代三国时期利用天时克敌制胜的例子。1000多年后,随着军用飞机的产生,作战行动更依赖于准确的气象预报。正是围绕这些天气数据,第二次世界大战中也上演了一场独特的诺曼底"气象战"。

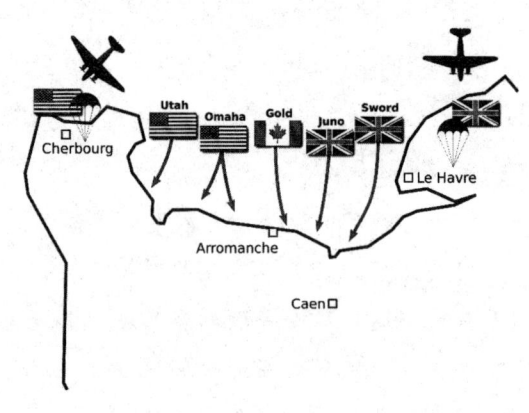

第二次世界大战爆发后不久,纳粹德国入侵苏联。此后,苏联红军便一直单独地在广大的欧洲大陆上与德军作战。当时,斯大林就向丘吉尔提出在欧洲开辟第二战场,对纳粹德国实施战略夹击的要求。1943年5月,英美决定在欧洲大陆实施登陆,开辟第二战场。盟军立即开始制定在法国西部诺曼底大举登陆计划,围绕着登陆日期的选择,盟军气象学家和德军气象学家展开了一场斗智斗勇的幕后较量。

盟军气象学家经过对历次登陆战的气象因素和英吉利海峡及法国西部沿海的天气、地形以及敌情等情况的分析,认为登陆行动开始后的3大必

须具备这样的天气条件：海岸风速不能大于每小时24公里，海面风速不能大于每小时32公里；云高应在900米以上；要有下弦月亮，也就是说要选择月亮出得较晚的日子，因为轰炸机、伞兵、运载步兵的滑翔机等在出发直至接近目标时，需要黑夜的掩护，但在采取行动时又需要有月亮的照明，以便寻找和确认目标；黎明时分，当登陆部队接近海滩时，潮水要回落，这样才可能发现德军设置在海滩的障碍物，而且，在同一天的黄昏，当第二批部队登陆时，也需要低潮。在这些气象条件中，最受限制的是月亮和潮水。一月之中，能满足潮水需求的只有6天，且分散在相间半月的两段时间里，这样，同时能满足月亮要求的仅有3天。据此，盟军最高司令官艾森豪威尔将军为诺曼底登陆选择了3个日子：6月5日、6日、7日。

　　5月29日，盟军的气象总部通过对未来几天天气形势的分析，认为所确定的登陆日前后，天气不会有大的变动。盟军总部因而向各部队发出了指令，将登陆日定在了6月5日。天公似乎有意为难盟军，就在这个指令刚刚发出不久，中午时分，盟军的一架气象飞机在纽芬兰上空发回来了一组令人忧虑的数据，数据表明在美国东海岸以外的气候正在发生变化。接着，盟军在大西洋上的一些气象观测点也测到了一个巨大的气旋正向英吉利海峡移来。这突然出现的不测风云，给刚刚定下的诺曼底登陆日期蒙上了阴影。之后几日，更多更详细的气象资料从各个观测点汇集到了气象总部。十分明显，纽芬兰和爱尔兰之间正在迅速形成的几处低气压，对即将举行的诺曼底登陆会构成重大威胁。6月3日，盟军气象总部主任斯苔琪上校向盟军总部报告，6月4日至7日，英吉利海峡将有大雨，风力5级。7日以后天气尚不明确。经过一番权衡，4日凌晨，盟军总部不得不做出推迟24小时登陆的决定。

　　6月4日上午，大块大块的乌云开始在英吉利海峡的上空堆积起来，风力加大到了4级。从天气的发展趋势来看，三五天内很难有所好转。那么，已经集结起来的如箭在弦的几百万部队又得分散开来，登陆的时间和地区有失密的危险，官兵们旺盛的士气会受到挫伤。此外，进攻的时间越往后推，有利于盟军作战气候的日子就越少，纳粹德国用飞弹袭击英国，

从而挫败登陆计划的可能性也越大。盟军总部为此忧心忡忡，对气象总部寄予厚望，祈求着天气的好转。

在厚望和责任的双重压力下，斯苔琪上校整天埋头专心于一大堆复杂的气象资料中，仔细地寻找、分析和推断，以求绝处逢生。6月4日上午，就在窗外正刮风下雨的时候，他在气象图上突然发现了一个意想不到的情况，有一股冷气流正在向英吉利海峡移动，可能在下午或夜间通过朴次茅斯；此外，一块刚刚离开纽芬兰的低气压云团在大西洋上已越来越沉重，降低了向英格兰移动的速度。斯苔琪上校很快得出推论：从冷气流通过到低气压云团来临之前这段时间，英吉利海峡的天气将好转，这一天很可能是6月6日。

经过气象专家们的反复分析和论证后，当晚9时30分，斯苔琪上校向盟军总部会议报告说，从5日的下午到6日的上午天气将转好，风力会减弱，云层将减薄，可以保证头两批登陆部队在6日的拂晓和黄昏登上诺曼底海滩。6日中午以后，天气又将转阴或雨。这个报告使在座的将军们脸上的乌云一扫而光，唯有艾森豪威尔将军不露声色，听着窗外一阵紧似一阵的风雨声，还不能下最后的决心。他要求气象总部进一步分析确定，做到预报万无一失。

6月5日凌晨，斯苔琪上校再次向盟军总部报告：6日的大部分时间有利于登陆，6日以后的天气虽将转阴或雨，但不会威胁登陆行动的完成。艾森豪威尔将军想到，天气虽不理想，但所冒的风险比推迟登陆要小，而且抓住这一天赐良机，可趁德军防备松懈发动奇袭，打它个措手不及。他终于做出了他一生中最重大的、也是对人类命运至关重要的决定：6月6日登陆！

其实，当6月5日天气开始出现好转之时，德军也完全可以把握住这一变化，从而做出适当的反应。因为他们也深知一月之中有哪几天适合于登陆作战，但连日的风雨使他们放松了戒备。6月4日，德军在巴黎的空军气象站认为，由于气候恶劣，盟军在半月内不会有行动；德国的防空部队甚至接到了不必执勤的命令。德国海军因风浪太大撤回了巡逻的舰艇。

6月5日，德国在巴黎的气象观测站预报几天内有暴风雨，决定全站职工放假一天。德军诺曼底地区的司令官隆美尔元帅认定这令人担心的几天因风雨不会发生进犯，于当天乘车赶回德国，回家为太太祝贺生日去了。同一天，驻诺曼底地区的德国第七军团司令杜尔曼将军下令解除戒备状态，召集高级将领去100多英里外进行沙盘演习。

正是德军气象学家的失误以及高层指挥官的一系列错误决策，最终让德军造成了无法挽回的败局。1944年6月6日凌晨，2500架盟军轰炸机将总量为1万吨的炸弹倾泻在了德军海防炮位和工事上。之后，数千艘战舰掩护下的陆军如期登上了诺曼底海滩。

知识链接 >>>

诺曼底登陆的胜利，宣告了盟军在欧洲大陆第二战场的开辟，意味着纳粹德国陷入两面作战，减轻了苏军的压力，协同苏军有力地攻克柏林，迫使法西斯德国提前无条件投降；美军从而把主力投入太平洋对日全力作战，加快了第二次世界大战的结束。

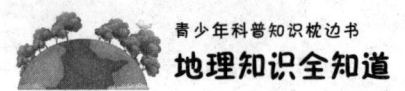

天气预报的"好帮手"

气象和人类的生存密切相关。一场暴雨或一次台风没有及时预报,就会摧毁一年的收成,甚至危及人们的生命。我国劳动人民从生产斗争的实践中很早就学会了通过观天察地来推测未来天气变化的本领。以后,气球和无线电探测仪器的出现,特别是现代的气象火箭把气象仪器送到了几百千米的高空,更使气象观测前进了一大步。但是,无论用气球、无线电设备,还是用气象火箭进行气象观测,都有局限性。例如,气球只能探测低空的气象状况;气象火箭只能得到一个地区的短时间的气象资料。此外,用气球或气象火箭进行

气象观测,还受到地理条件的限制,许多人迹未到的地方的气象很难进行探测。而气象卫星的出现就弥补了上面所说的这些气象观测方法的不足,使人类的大气探测活动发生了划时代的变化。

近地气象卫星离地面的高度一般在1000公里左右,大约一个多小时就

可以绕地球一圈。由于地球本身的自转，气象卫星一天 24 小时会有两次经过地球某一固定点的上空，一次在白天，一次在夜里。于是，地球上的观测点白天在某一时刻会像每天看到太阳那样重复看到气象卫星，所以人们叫它为"太阳同步卫星"。

气象卫星主要凭借电视摄像机和红外扫描辐射仪来实现对地观测。卫星上的电视摄像机开启快门后，会把图像信息转化成电子信号存储下来，并发回到地面接收站上。红外扫描仪的使用原理也容易理解，因为任何物体都有温度，有温度就会有热量，热量之中有红外辐射，红外扫描辐射仪能够测出地面和云顶的热辐射量，并得到红外云图。

气象卫星的云图可以清楚地显示台风发展过程的全貌及其移动的趋势、路径、强度等。预报员可以据此做出正确预报，最大程度地减少损失。气象卫星也能监测暴雨，在卫星云图上，一个个密集的白亮云区就是暴雨。对寒潮等冻害的监测，气象卫星也表现得得心应手。这是因为研究人员通过红外云图资料，能获得寒潮移动的方向和进程。气象卫星还能用于对干旱的监测，为防沙治沙作重要参考。除了这些作用之外，气象卫星还能够通过遥感技术对农作物长势、病虫害等进行监测，甚至能够对灾害面积进行估计，对农作物收成做出估算。

气象卫星是怎么利用遥感信息资料进行估产的呢？原来，植物的绿叶是进行光合作用的基本器官。一般来说，植物叶面积越大，光合作用就越强，经济产量就可能越高，这是一种植物生理机制，这种生理机制反映的信息也就通过其反射光谱的不同波段反映出来。当作物叶子遭受干旱、病虫害时，叶片的含水量会减少，叶绿素减少，光合作用也相应减弱，此时叶绿素吸收蓝光、红光能力降低。同时，作物在不同的生长和发育阶段，由于叶片的叶绿素含量和内部结构不同，它们的光谱反映曲线也会不同。根据这种原理，气象卫星就可以捕捉到作物的生长情况，进而推算未来的收成。利用气象卫星遥感渔业资源的原理与小麦估产有所不同。应用气象卫星可以用红外遥感仪器测出海水表面温度，在绘出海水表层温度分布等值线图后，就可以根据鱼类生活规律与海水温度的关系来确定渔场位置，

并绘成渔海况速报图。

自1960年第一颗气象卫星上天以来,世界上已经发射了许多类型的气象卫星。现在,在地球的上空,许多气象卫星日夜监视着地球上的风云变幻,不断地把大量的气象资料送回地面,极大地改善了长期天气预报的条件,提高了预报的准确率。可以说,气象卫星是理想的"高空无人气象站",是人类进行天气预报的好帮手。

知识链接 >>>

自然界瞬息万变,恶劣天气往往突如其来。在这种情况下,除气象卫星外,研究人员还需要综合运用气象雷达、闪电定位、微波辐射计及特高频风廓线雷达等先进的探测工具。气象卫星从太空向下探测,雷达则从下往上扫视,两者配合,才能做出准确的预报。

地理常识与环境问题

大海中的"河流"

1856年,一些落难的水手在大西洋一个海湾的沙滩上发现一只奇怪的沥青球,沥青球里包着一只椰子壳,里面有一张画着各种符号的羊皮纸。经过翻译得知,这是一封信,它是从遥远的大洋彼岸经过漫长的历程,准备漂到一个美丽的岛国去的。不料,海浪却把它推上了沙滩。用"漂流瓶"传递信息,这在中世纪是经常发生的。那么,人们怎么会想到利用海水来传送信件的呢?原来,海水除了有波浪和潮汐运动以外,还有一种长距离的前进运动,科学家管它叫"海流"或"洋流"。

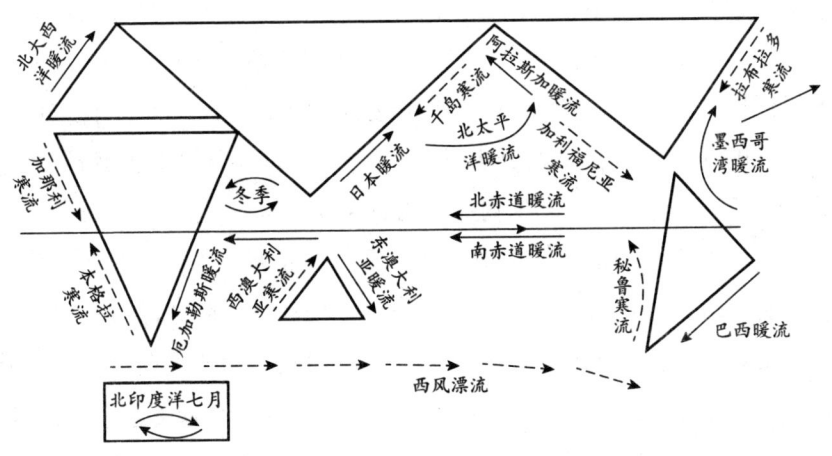

人们或许难以相信海洋中也有"河流"——洋流。这是由于洋流是在海洋内部进行,不易被人们察觉的缘故。过去,航海家对海洋深部的情况所知不多，因此只注意到海水表层存在着洋流。海洋深处存在着潜流，其发现的历史不过百年。1951年，称雄海洋的美国进行了大量的海洋科学考察，其中一位年轻的海洋学者叫克伦威尔，他和同事们在太平洋的赤道海域进行鲔鱼生活习性及环境条件的调查。他们在玻璃浮子上挂着铅锤和若干鱼钩，然后串在一起，形成近20公里长的线状渔具。在白天他们把渔具投放到海面上，待到晚上才收回。根据以往常的工作经验，该海域的海流是向西流动的，布下的渔具理应向西漂流。然而，出乎意料的是，克伦威尔和他的同事布放渔具的一端沉到海洋深处，并一反常规地向表层海流相反的方向漂流着。克伦威尔以为自己没有放好渔具，收起来后，又重新布放，结果与上次完全一样。漂浮在海面的小船受洋流影响，向西漂着，而沉入海中的渔具却向东漂去。

这个事件引起克伦威尔的研究兴趣。经过一年的探讨，克伦威尔断定在赤道海域的表层洋流之下，还存在着一支巨大而稳定的逆向海流，即赤道潜流。1955年，德国海洋学家卫斯特在接近南美沿海1公里以下的深水层中，发现有一股流势特别惊人、由北而南的巨大潜流。这说明，不仅赤道地区有潜流，在海洋的其他位置也存在着巨大的潜流。随着科学技术的发展，人们借助精密的仪器和人造卫星等的帮助，已发现了12条大洋流和几十条小洋流。

海洋中的洋流，不管是表层的还是潜伏的，其规模与大陆的河流不可同日而语。洋流的宽度一般为100公里，最宽者达到500公里，最窄的也有50公里；长度少则1000公里，多则超过10000公里；厚度则在50—500米。洋流的速度较慢，一般每小时只有1—2海里，最快的也就是5海里。但是，洋流的水流量却是陆地河流总流量的数百倍。

洋流形成的原因很多，也很复杂。按照其成因，洋流一般可以分为风海流、密度流和补偿流。盛行风吹拂海面，推动海水随风漂流，并且使上层海水带动下层海水流动，形成规模很大的海流，叫作风海流；不同海域海水温度和盐度的不同会使海水密度产生差异，从而引起海水水位的差异，在海水密度不同的两个海域之间便产生了海面的倾斜，造成海水的流动，这样形成的洋流称为密度流；当某一海区的海水减少时，相邻海区的海水便来补充，这样形成的洋流称为补偿流。

地理常识与环境问题

在海洋运动中，洋流对地球的气候和生态平衡有着重要的影响。洋流可以分为暖流和寒流。若洋流的水温比到达海区的水温高，则称为暖流；若洋流的水温比到达海区的水温低，则称为寒流。一般由低纬度流向高纬度的洋流为暖流，它能使本来生活在冰窟里的人们享受如春的温馨；由高纬度流向低纬度的洋流为寒流，它可以使在酷暑中受煎熬的人们感到丝丝凉意。

除了影响气候之外，洋流对渔业、航运等也有重要意义。在寒流和暖流交汇的海区，海水受到扰动，可以将下层营养盐类带到表层，有利于鱼类大量繁殖，为鱼类提供食物。这两种洋流还可以形成"水障"，阻碍鱼类活动，使得鱼群集中，易于形成大规模渔场。世界四大渔场中的三个都是这样产生的。其中，北海道渔场是由日本暖流与千岛寒流交汇而形成的；纽芬兰渔场是由墨西哥湾暖流与拉布拉多寒流交汇而形成的；北海渔场是由北大西洋暖流与东格陵兰寒流交汇而形成的。

有些海区受离岸风影响，深层海水上涌，把大量的营养物质带到表层，从而形成渔场。世界四大渔场之一秘鲁渔场就是这样形成的。

因为洋流总是循着一定的路线周而复始地运动，若能熟悉和掌握洋流运动规律并选择适当航线，既节约时间、节约燃料，又可减少事故。所以，很多国家的航运公司都认真研究洋流的运动规律，尽可能利用洋流助航。最著名的例子是美国爱友松公司聘请海洋气象局通过人造卫星测得墨西哥湾暖流的路线、流速、主轴位置等。该公司的轮船根据所获资料，在墨西哥湾暖流最大的流速区顺流向北航行，返航时则避开主流区，尽量靠近海岸南下，结果，1975年该公司的6艘海轮全年节约燃料12500多桶，折合36万美元。以后，该公司一直利用这条航线航行，取得了巨大的经济效益。

知识链接 >>>

洋流的规模比起陆地上的巨江大川要大出成千上万倍，所以利用海流来推动涡轮机发电，为人们输送绿色能源，已经成为科技人员非常感兴趣的一个课题。科学家估计，海洋中所有洋流的总功率高达10亿千瓦以上。

海洋"暖水管"的发现

在北美洲东南部边缘,有一扁圆形的海湾,因濒临墨西哥而得名墨西哥湾。它的东部与北部是美国,西岸与南岸是墨西哥,世界上第一大海洋暖流——墨西哥湾暖流就是以它的名字命名的。

墨西哥湾暖流又称"湾流",它早在16世纪就已被发现了。但真正确定了它的走向,并为这条"海中河流"画出图的是曾发明避雷针、参加过起草美国《独立宣言》和《美国宪法》的大科学家和政治家富兰克林。

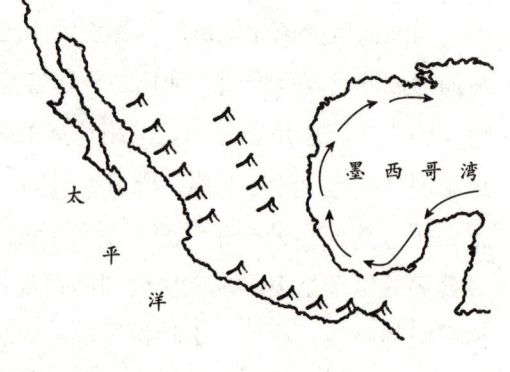

富兰克林从小就热爱海洋,父亲担心他的安危,千方百计地阻止他实现航海的愿望,先是让他当了印刷工。后由于富兰克林事业上的成功,于1737年被委任为费城邮电局的局长。在检查邮件海上运输时,他发现邮船从北美去伦敦航行时间短,而从伦敦返回时,同样的路程却多了两个星期的时间。于是富兰克林查阅航海日志,走访有经验的船长,发现这是由一股洋流——墨西哥湾暖流造成的。去伦敦时是顺流而下,回来则是逆流而上,所以造成了时间上的差别。

为了更加清楚地认识墨西哥湾暖流,富兰克林乘坐邮船往返大西洋,

地理常识与环境问题

沿途用木桶提水取样,不断测试水温变化,确定暖流的确切流向。他的表兄弟弗尔杰是一艘捕鲸船的船长。在表兄帮助下,富兰克林于1770年绘制出了被人称为"富兰克林—弗尔杰海图"的墨西哥湾暖流图,这是世界上第一幅有关墨西哥湾暖流的精确海图。

200多年来,富兰克林绘制的这幅海图引起人们的浓厚兴趣,许多人一直在寻找它。但直到1978年9月,美国一名海洋学家才在法国国立巴黎图书馆发现了这幅海图的两份副本。为什么在200多年里,找不到富兰克林海图的原本,而在法国国立巴黎图书馆却发现两份副本呢?据专家们考证:当这份海图原本刚在伦敦印成时,适逢美国独立战争爆发前夕。为了不让英国皇家海军利用这幅海图迅速横渡大西洋去镇压北美人民,富兰克林忍痛将这份海图销毁,只留下了两份副本,交由巴黎图书馆收藏。美国政府为调查墨西哥湾暖流,曾专门设计了一艘以富兰克林名字命名的潜艇,用现代化仪器探测这股复杂而强大的水流,取得了大量的数据和资料。

现在的研究表明,墨西哥湾暖流并非完全起源于墨西哥湾,它的绝大部分来自加勒比海。当南、北赤道流在大西洋西部汇合之后,便进入加勒比海,通过尤卡坦海峡,其中的一小部分进入墨西哥湾,绝大部分是急转向东流去,从美国佛罗里达海峡进入大西洋。这支进入大西洋的墨西哥湾暖流起先向北,然后很快向东北方向流去,横跨大西洋,流向西北欧的外海,一直流进寒冷的北冰洋水域。

墨西哥湾暖流规模十分巨大,它宽100多公里,深700米,总流量7400万—9300万立方米/秒,流动速度最快时9.5公里/小时,200米深处流动速度约4公里/小时。墨西哥湾暖流水温很高,特别是冬季,比周围的海水高出8℃。刚出海湾时,水温高达28℃。据估计,墨西哥湾暖流携带的热水水量是世界所有径流总量的120倍,它每年向西北欧海岸输送的热量,每公里约相当于燃烧600万吨煤炭所放出的热量。它像一条巨大的、永不停息的"暖水管",携带着巨大的热量,温暖了所有经过地区的空气,并在西风的吹送下,将热量传送到西欧和北欧沿海地区。由于它的到来,英吉利海峡两岸的土地每年享受着墨西哥湾暖流带来的巨大热能。如果拿

同纬度的加拿大东岸加以对照，差别更为明显：大西洋彼岸的加拿大东部地区，年平均气温可低到 $-10℃$，而同纬度的西北欧地区可高到 $10℃$。

墨西哥湾暖流所蕴藏的巨大热能早已引起了各国科学家的广泛关注。然而，充分开发和利用它积蓄着的热能，造福人类，至今仍是"纸上谈兵"，还有待科学技术的发展和人类驾驭自然能力的提高。

知识链接 >>>

世界第二大暖流是黑潮暖流，也叫日本暖流。它自北赤道流出，一路经过菲律宾、我国东部、朝鲜、日本，最终到达加拿大西海岸。我国大部沿岸深受它的恩惠，闻名于世的舟山渔场就处在东海的这股暖流中。唐代的日本遣唐使返回祖国及中国高僧鉴真东渡日本传教，都利用了黑潮的强流漂泊过海。

秘鲁寒流创造的"奇迹"

在太平洋东部的赤道线上，有一群世界闻名的火山岛，名叫科隆群岛。该岛的自然景观与众不同，这里寒冷干燥，树木稀少，呈现出一片酷似寒带的景观。人们在岛上漫步，甚至还可时常见到生活于南极洲地区的企鹅，在岛上大摇大摆地走动，此景仿佛使人置身于南极洲，所以人们也称科隆群岛为"赤道线上的南极洲"。在赤道地区，为什么会出现这块"冷岛"呢？原来，这是由强大的秘鲁寒流造成的。

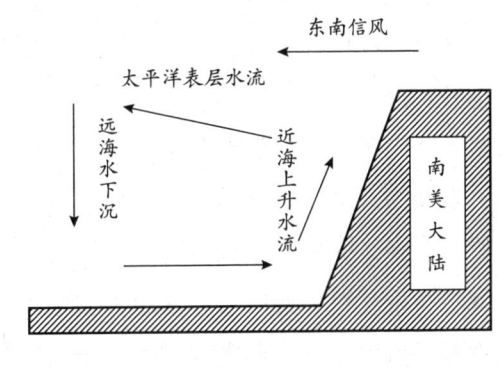

秘鲁寒流长 3700—5500 公里，宽 370 公里以上，是世界上力量最强的一股寒流。它位于太平洋东南部，由南极洲附近海域沿南美洲西海岸向北流去，将南极洲附近的低温冷水源源不断地送向赤道附近。科隆群岛正好位于秘鲁寒流必经之路，所以岛上气候寒冷少雨，沿海一带除可见到仙人掌外，很少见到高大树木。秘鲁寒流有时还会将南极海域的残余冰块带到这里，一些栖居于冰块上的企鹅也被带到岛上。由于那里的环境适宜企鹅的繁衍与生活，现在岛上的企鹅已达数千只，形成热带动物与寒带动物共存一岛的"奇迹"。

秘鲁寒流又称洪堡德寒流，是一支补偿流，这一名字来自19世纪德国伟大的博物学家、近代地理学奠基人洪堡德。他一生中作过多次艰苦卓绝的海外科学考察旅行。1801年，洪堡德和朋友开始了对哥伦比亚、厄瓜多尔和秘鲁的安第斯山脉的探险。在高山峻岭之中，洪堡德忙着用气压表测定高度，用温度表测定气温，用磁力仪测定地球磁场，观察热带山区的气温、气压、植物和农业随高度不同而明显变化的有趣现象。在秘鲁期间，洪堡德还沿海岸线旅行，攀登陡峭的岩崖，收集农民作为肥料的海鸟蛋。以产鱼闻名的秘鲁海岸，终年都有无以计数的各种海鸟聚集于此，或栖息海岸，或繁殖于无人岛屿，因此这里有堆积如山的鸟粪堆和鸟蛋。一天，洪堡德在测量海水温度的时候，发现这里有一股从海底向上翻腾的强大的冷水流，这就是我们今天所说的秘鲁寒流。

后来的科学家调查研究发现，秘鲁寒流同一般水平方向流动的洋流不同，是一种独特的垂直方向流动的上升流。它是从海面下100—400米处向上升，近陆地带上升流较浅，在100米以内，离海岸稍远的地方，上升流就不断加深。上升流的速度很缓慢，每天流动不过几米。

"水往低处流"，这是水流动的一般规律。为什么这里的海水向上升呢？原来，强大的秘鲁寒流沿海岸北流过程中，在常年盛行的南风、东南风的吹送和地球自转偏向力的作用下，寒流逐渐向风的左侧流动，发生表层海水偏离海岸。沿岸海水大量流失后，需要有其他海水来补偿，就出现海水上泛现象，形成了一个总体积输送的上升流。

寒暖流交会的海域，海水相互撞激，逐渐把水温中和，变得不冷也不热，这种海水的扰动，只是发生在海水的表层。而上升流上下扰动的范围就深了，中层海水不断上泛到海面，使上层水温显著下降，年平均水温只有14—16℃，比周围的气温低10℃左右。上泛的海水中含有大量硅酸盐和磷酸盐等，为浮游生物提供了丰富的营养物质。同时，沿海多云雾，日照不强，更加快了浮游生物的繁殖和滋长，为鱼儿提供了丰富的饵料。因此，这里鱼类群集并且繁殖很快。正是凭着这一得天独厚的条件，秘鲁渔场成为世界四大渔场之一。

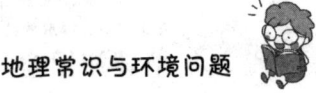

地理常识与环境问题

知识链接 >>>

秘鲁沿岸盛行离岸风（风从陆地吹向海洋）——东南信风。海水由岸边流向大洋深处，出发海区海水减少，海洋底部冷海水上泛补充。但有的年份，离岸风较弱，冷海水上泛得较少，海水温度较常年升高，鱼类不适应较高的水温，会大量死亡。此时发生的就是"厄尔尼诺"现象。

"圣婴"作恶

很早以前,厄瓜多尔和秘鲁沿岸的居民发现,每到圣诞节的前后,随着东南信风的暂时减弱和南美沿岸海水涌升现象的减退,太平洋赤道逆流的一个分支海流沿着厄瓜多尔海岸南下,随之,南美西海岸附近海域的海水温度增高。起初,人们只知道这种自然现象出现在圣诞节前后,而且每当发生这种情况时,在这一海域里生活的适应冷水环境的浮游生物和鱼类会因水温上升而大量死亡,使得世界著名的秘鲁渔场的鱼产量大幅度减产。沿岸居民对海面水温升高的自然

现象感到迷惑不解,称这是"圣婴"降临了。"圣婴"在西班牙语中的发音为"厄尔尼诺",这样,厄尔尼诺就成了秘鲁沿岸海水温度异常变化的代用名词了。

气象学家对厄尔尼诺的研究,是20世纪60年代后期的事。他们查阅了第二次世界大战以来30余年的天气档案,发现厄尔尼诺现象大约每隔2—7年出现一次,它不仅扰乱秘鲁渔民的正常渔业生产,引起当地气候反

地理常识与环境问题

常,而且在厄尔尼诺现象强烈的年份,还会给全球气候带来重大影响。

1972年的全球天气异常,就与当年厄尔尼诺暖流特别强大有关,这一年我国发生了新中国成立以来最严重的一次全国性干旱。与此同时,有一些国家和地区却发生了严重洪水,非洲突尼斯出现了200年一遇的特大洪水,秘鲁出现了40年来最严重的水灾。

1997年是强厄尔尼诺年。这年3月,热带中、东太平洋海面出现异常增温,至7月,海面温度已超过以往任何时候,由此引起的气候变化已在一些地区显露出来。多种迹象表明,赤道东太平洋的冷水期已经结束,开始向暖水期转换。科学家们由此认为,新一轮厄尔尼诺现象开始形成,并将持续到1998年。也正是从这一刻起,地球上的气候开始乱了套:在南部非洲,厄尔尼诺带来了严重的干旱,使大约500万人口面临饥荒的威胁。在西太平洋地区,厄尔尼诺抑制了降雨,使印度尼西亚和巴布亚新几内亚陷入了干旱并引起森林火灾。东太平洋沿岸国家智利、秘鲁、厄瓜多尔、阿根廷、乌拉圭和巴西东部暴风雨和雪成灾。智利全国13个大区有9个遭受水灾,灾民超过5.1万。在阿根廷和智利边境地区,安第斯山区积雪最深达4米,公路被阻,人员被困。在厄瓜多尔沿海地区,更是山洪暴发,通信中断,成千上万人无家可归。正如科学家预测的那样,这次厄尔尼诺现象的影响力一直持续至1998年上半年,我国在1998年遭遇的历史罕见的特大洪水,厄尔尼诺便是最重要的影响因素之一。

始于2014年秋季、终于2016年6月的厄尔尼若事件,是20世纪以来最强的厄尔尼诺事件。这次厄尔尼若的强度在2014年末达到过一个峰值后,曾于2015年初回落;但2015年春季起,赤道太平洋从表层的强烈西风应力异常到温跃层的强烈暖性开尔文波发展,这一切都宣告着一次强烈厄尔尼诺事件即将展开。很快,2015年8月的Nino3.4区海温距平(即偏离气候平均态的程度,可以衡量厄尔尼诺事件强度)便超过2.0℃——这是21世纪以来首次达到这一程度;而2015年11月,这一区域海温距平更是达到了2.95℃,更是超过了1997—1998超强厄尔尼诺事件保持的纪录。在整个北半球冬季(2015年12月—2016年2月),厄尔尼诺事件都维持了一个鼎盛状态，直到3月之后，温跃层层面上的异常冷水开始在南美沿岸向海面翻涌，赤道中东太平洋地区海温开始急剧下降，并最终在5月底回到了中性状态，厄尔尼诺事件也由此结束。

由于厄尔尼诺现象给全球带来巨大的灾难，因此，这种现象已成为当今气象和海洋界研究的重要课题。究竟是什么造成了厄尔尼诺现象呢？科学家对此一直众说纷纭，难以定论。一般认为，厄尔尼诺现象是太平洋赤道带大范围内海洋与大气相互作用、失去平衡而产生的一种气候现象。在东南季风的作用下，南半球太平洋大范围内海水被风吹起，向西北方向流动，致使澳大利亚附近洋面比南美洲西部洋面水位高出大约50厘米。当这种作用达到一定程度后，海水就会向相反方向流动，即由西北向东南方向流动。反方向流动的这一洋流是一股暖流，即厄尔尼诺暖流，其尽头为南美西海岸。受其影响，南美西海岸的冷水区变成了暖水区，该区域降水量也大大增加。厄尔尼诺现象的基本特征是：赤道太平洋中、东部海域大范围内海水温度异常升高，海水水位上涨。

近年来，一些科学家对厄尔尼诺现象的成因提出了不同的看法。在探索厄尔尼诺现象形成机理的过程中，科学家们发现了这样的巧合：20世纪20年代到50年代，是火山活动的低潮期，也是世界大洋厄尔尼诺现象次数较少、强度较弱的时期；50年代以后，世界各地的火山活动进入了活跃期，与此同时，大洋上厄尔尼诺现象次数也相应增多，而且表现十分强烈。根据近百年的资料统计，75%左右的厄尔尼诺现象是在强火山爆发后一年半到两年间发生的。这种现象引起了科学家的特别关注，有科学家就提出，是海底火山爆发造成了厄尔尼诺暖流。

近年来更多的研究发现，厄尔尼诺事件的发生与地球自转速度变化有关，一些较强的厄尔尼诺年均发生在地球自转速度发生重大转折年里，特别是自转变慢的年份。科学家分析指出，当地球自转减速时，"刹车效应"使赤道带大气和海水获得一个向东惯性力，赤道洋流和信风减弱，西太平洋暖水向东流动，东太平洋冷水上翻受阻，因暖水堆积而发生海水增温、海面抬高的厄尔尼诺现象。

历史记录显示，自1949年至1990年的40余年间，全球共发生10次厄尔尼诺现象，平均3.5年一次，而20世纪90年代以来的几年里竟出现了5次。而且，20世纪90年代以来太平洋海温长期持续偏高，时起时伏的厄尔尼诺现象伴随着全球气温持续异常，自然灾害特别是气候巨灾频发，这表明，近年来厄尔尼诺现象的发生有加快、加剧的趋势。有科学家从这一点推断，厄尔尼诺的猖獗同地球温室效应加剧引起的全球变暖有关，也许是人类用自己的双手，助长了"圣婴"作恶。

知识链接 >>>

拉尼娜现象，是指赤道太平洋东部和中部海面温度持续异常偏冷的现象，是热带海洋和大气共同作用的产物。拉尼娜是西班牙语"小女孩""圣女"的意思，是厄尔尼诺现象的反相，也称为"反厄尔尼诺"或"冷事件"，总是出现在厄尔尼诺现象之后。

我国的四大自然灾害

我国是世界上自然灾害最为严重的少数几个国家之一，灾种多、分布广、成灾比例高。按其成因，我国多种多样的自然灾害可分为四大类：地质灾害、气候灾害、海洋灾害和生态环境灾害。

地质灾害是个灾害"大家族"。因能量释放方式的不同，地质灾害可以具体表现为地震、火山喷发、山体崩塌、滑坡、地面沉降、泥石流、地裂缝等灾害现象。我国的地质灾害主要分布在一条带状区域内，大致从我国西南边陲的中缅边境向东北一直延伸到黑龙江下游，跨越边界进入俄罗斯境内。这是我国一条重要的地理分界线，

也是一条地质灾害多发地带，我国至少有13个省会城市和京津两市都分布在此带上，所以危害很大。

俗话说，地震是群害之首。全世界平均每年共约发生1500万次大小地震，其中约10万次是人们能够感觉到的、震级大于或等于里氏3级的

地理常识与环境问题

"有感地震";约1000次是会给人类造成不同程度破坏的、震级大于或等于5级的"破坏性地震";约18次为7级以上的"大地震"。作为一种自然灾害,破坏性地震尤其是大地震的发生频率虽然不高,但其破坏力却极强,它不仅会造成大面积的房屋倒塌、人畜伤亡和交通阻断,而且还时常伴生山崩地陷,诱发火山、海啸、滑坡、泥石流以及城市火灾、煤气外泄等一系列次生灾害,从而给人类社会造成难以抵御的冲击,给人民生命财产安全带来严重威胁。因此,地震特别是大地震实为人类面临的第一大天灾。

滑坡也是一种常见的地质灾害。滑坡指山体斜坡上不稳定的大量松散土体和岩体,沿着一定的滑动面整体下滑的一种地质现象,并常与地震、崩塌、泥石流等相伴而生。当滑坡这种地质活动造成了公路、铁路、航道的堵塞,或者引起各类工程项目、建筑物的损坏和人员伤亡时,就形成了灾害。我国西南和西北地区是滑坡灾害的多发区。另外,类似于滑坡的地质灾害还有泥石流、山崩地裂等。我国东部平原地带和沿海地区以及一些矿业城市,地面沉降和塌陷现象也较为广泛。

我国独特的季风气候是一种利弊兼存的气候类型。有利的方面是:它可带来丰沛的水分,为农业的发展和作物的生长提供良好的水汽条件。从世界地图上可以看到,由于没有季风,与我国同纬度的不少亚热带大陆地区,诸如中亚、西亚地区和北非的撒哈拉地区,都为广袤的荒漠与不毛之地。不利的方面是:由于季风带来的水量很不平衡,年内和年际间的降雨分配不均,旱涝灾害随时可能发生。从地形上看,中国是个多山之国,平均海拔1525米,2/3的国土是山地、高原和丘陵地带,且西高东低,呈明显的三大阶梯,导致水力的侵蚀与冲刷非常严重,从而更易引发洪涝与干旱等气候灾害。

我国是一个饱尝旱涝之苦的国家。由于地域辽阔,加之季风气候的季节性变化及年际变化,我国各地降水的动态变化较大。降水在时间和空间上的不平衡,经常会出现同一个地区先涝后旱或旱了又涝的情况,或在同一时期、同一地区多雨成涝,而另一地区少雨干旱的情况,即所谓南涝北旱和南旱北涝。从总体上看,我国的雨季从南向北、从东向西推进,而大

江大河则自西向东奔流。这样，就形成了一个大体上比较固定的旱涝时空分布格局。总的来说，北方多旱，多发生在春季；南方多涝，多发生在秋季。旱区主要分布在黄淮海地区及黄土高原；涝区则主要分布在淮河、长江、珠江的中下游地区。东北地区常是东涝西旱；四川盆地则常常东旱西涝。

我国东濒太平洋，有18000公里长的海岸线和16000公里长的海岛岸线。我国沿海的辽河三角洲、黄河三角洲、长江三角洲和珠江三角洲，都是地势平坦、土壤肥沃的精粹之地，是我国经济发达的地区，所以海洋灾害对我国沿海地区社会经济的发展影响重大。

海洋灾害包括热带风暴（台风）、风暴潮、海浪、海冰、海雾、海平面上升、海岸侵蚀、海水入侵和赤潮等，其中尤以热带风暴、台风和风暴潮的危害最大，是我国最主要的海洋灾害。台风的风力强度大时可超过12级，它从海面上带来的大量水汽造成暴雨，一旦登陆，所到之处房倒树拔、暴雨成灾。我国受台风影响的主要地区是两广、台湾、福建、浙江、江苏、上海等东南沿海省、市、自治区，但有时也会深入内陆腹地。据有关部门统计，每年影响我国的台风近20个，其中登陆的7—8个，约相当于美国的4倍、日本的2倍和俄罗斯的30多倍。

改革开放以来，随着国民经济的飞速发展，我国工业化、城市化进程明显加快，但工业生产所带来的各种废物也明显增多，对环境产生了严重影响。环境污染已成为我国的一大灾害，主要包括大气污染、水污染和噪声污染。近年来，各级政府加大环境保护、污染治理力度，生存环境得到明显改善。

知识链接 >>>

生态灾害是指由于生态系统平衡改变所带来的各种始未料及的不良后果。由于人类对大自然认识缺乏全面性和系统性，习惯于依靠片面的、某些单向的技术来"征服"大自然，常常采取一些顾此失彼的行为措施，在第一步取得某些预期效果以后，第二步、第三步却出现了意料之外的不良影响，常常抵消了第一步的效果甚至摧毁了再发展的基础条件。人们总是由于专心顾及当前的直接利益而忽视了环境在人作用下的长期缓慢的不良变化，不自觉地忍受了一个又一个这样的"自然报复"。直到20世纪70年代以后，由于世界工业普遍迅速发展，污染和生态环境破坏产生了极明显的严重的恶果，才引起人们的注意和重视。

来自地底的灾难预警信号

地震是由于地壳剧烈运动、火山爆发、地层断裂而造成地面及其附近剧烈振动而带来的一种灾害。当地震震级超过6级以上时，将会破坏大量的建筑物，并造成大量人畜伤亡。人们发现，在众多中强以上的地震即将发生时，往往有声响从地下深处传来，人们习惯称之为"地声"。这种来自地底的声音几乎是大自然在地震灾害降临前发给人类的最后一次避险预警信号。

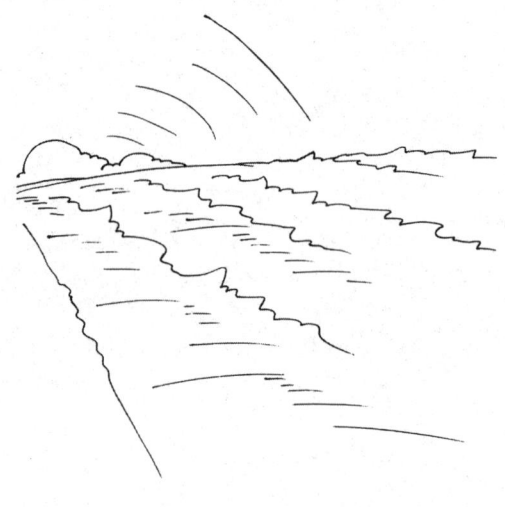

地声往往发生在地震前的几秒、几分或几小时、几天内。在震中区或近震中的范围内能普遍听到地声。随着距震中的远近不同，所听到的地声也不一样，比如有的类似闷雷声；有的类似远雷声；有的类似岩石破裂时的"咔嚓"声；有的则是隐隐有声。在靠近震中的地方，大震前可以听到像狂风、雷声、坦克开过来的声音，像开山炸石的沉闷爆炸声。那么，地声是怎么形成的呢？

要了解"地声"，首先要弄清楚地震的能量释放过程。早年的地质学家一般认为火山活动是地震发生的原因；后来，人们发现没有火山活动的地

地理常识与环境问题

区同样会发生地震。19世纪，英国著名地质学家赖尔第一次提出，大地的升降和断裂都是地震造成的；1902年，地质学家墨凯认为，断层运动是地震的成因，当一部分地壳岩石在构造应力作用下达到极度紧张时，就会发生断裂，从而发生地震。之后，理德在墨凯的基础上，阐明了地震的发生是由于断层的弹性回跳，由此建立了"地震断层成因学说"，这一学说对以后的地震研究具有深远的影响。理德认为，地壳岩层如果没有强大的压力压迫以至超过其耐受性时，是不致发生断裂的，这是因为地壳构造运动一直在进行着，各部分地壳不均匀，较软的地方就将受到的力累积起来，逐渐发展到岩石固有的弹性强度不能再容纳时，便发生破裂，将所蓄积的弹性势能迅速释放出来，就如被压住的弹簧，一旦放开以后会迅速地反跳一样，直到大部分积累的能量释放掉为止。其中，一部分能量会以声发射的方式释放。

在生活常识中，当我们手握一根柴棒两端要将它折断时，棒会受力而弯曲，同时还有咯咯声。这个声音不仅来源于即将断裂的部位，而且还来自整个棒内的随机部位，声音也出自棒的结构薄弱处的微破裂，同时还可感到微弱振动。随着力的增加，声音也越频繁出现，而且越强，最后微破裂快速集中到要断的部位，棒终于断裂。这一过程也就相当于地震时"先听到声，后地动"的情景。

地声既然是声音，当然可以用声强和声调来对它进行描述。声强以分贝来表示，听觉灵敏的人可听到0分贝的声音。所谓0分贝，就是指声音的能量可使一个空气分子移动十亿分之一厘米的距离。以此为基础，比它强10倍的为20分贝、比它强100倍的为40分贝……声调以频率表示，是声源在单位时间内完成的振动次数，单位是赫兹，如10赫兹就是1秒钟内声源振动10次。频率越高，声调越尖亢；频率越低，音调越沉闷。

地震时原生的声发射具有很高的频率，但高频声波极易损耗，经多次反射后，回响的声音仅剩低频部分，音调变得很低，其优势频段大多落在人和动物的听觉低频域范围内，有的甚至还落在低频域以外。由于人的听力频率低限是20赫兹，低于此限就称为次声波，人是无法听到的，因而无法听到地声的全部,但有的动物可以,例如狗的听域低限就是12赫兹。人耳对次声波虽然无感,但内脏器官却可感受到其影响,如有人震前身体无故不适,原因即在此。

有关地声的强度的报道很少,因为难以守候到。只有唐山大地震后的一次小余震时测到过。在震中附近的水井中,地声可高达80分贝。现在知道,地声多半集中在5—70赫兹的频段上。

根据地声的特点,能大致判断地震的大小和震中的方向。一般说,如果声音越大,声调越沉闷,那么地震也越大;反之,地震就较小。当听到地声时,大地震可能很快就要发生了,所以可把地声看作警报,应该立即离开房屋,采取紧急防御措施,避免和减少伤亡损失。

知识链接 >>>

地声发出的高频波在地层中衰减快,传不远,难以被地震仪接收到。然而,如果将仪器安装到振动干扰小的深井中,地声信息就可以被记录下来了。目前,科学家们正在研究深井地声观测技术,即在矿井深处安装一种深井地声仪,从深井聆听地球的声音,从而预测地震前的信息。

海啸预报

大海是宁静的，一旦它疯狂来也很可怕。1755年11月1日，这天是万圣节，在葡萄牙首都里斯本的教堂里，信徒们正在做祈祷，突然间一声山崩地裂般的巨响，教堂像遇到风暴的船一样剧烈地摇晃起来，随即，这些善男信女们便被永远地埋葬在这倒塌的教堂之中。这时，全城陷于一片昏暗。6分钟之内，建筑物几乎全部变成废墟。有些幸免于难的人匆匆逃到海滨，又被高涨到20多米的海水迎面吞噬。这次由大地震所引起的海啸，造成了全城6万人罹难。

海啸是一种具有强大破坏力的海浪。水下地震、火山爆发或水下塌陷和滑坡等大地活动都可能引起海啸。地震发生时，海底地层发生断裂，部分地层出现猛然上升或者下沉，由此造成从海底到海面的整个水层发生剧烈"抖动"。这种"抖动"与平常所见到的海浪大不一样。海浪一般只在海面附近起伏，深度不大，波动的振幅随水深衰减很快。地震引起的海水"抖动"则是从海底到海面整个水体的波动，其中所含的能量惊人，它掀起

的狂涛骇浪，高度 10 多米至几十米不等，形成"水墙"。另外，海啸波长很大，可以传播几千公里而能量损失很小。由于以上原因，如果海啸到达岸边，"水墙"就会冲上陆地，对人类生命和财产造成严重威胁。

海啸被认为是地球上最强大的自然力之一。2004 年 12 月 26 日，印度尼西亚苏门答腊岛西南海域发生的 8.7 级地震，引发了百年罕见的地震海啸，造成了印度洋周边国家近 30 万人死亡，沿海大批城乡设施遭毁灭性的破坏。这一事件引起了包括中国在内的全世界政府和社会公众的关注，如何预防地震海啸灾害，建立有效的海啸预警系统，成为世人关注的一个课题。

目前，利用浮标系统是各国监测海啸采取的普遍手段。其中，美国的 DART 浮标是一种很好的海啸探测器，它被放置于海底的压力记录器会记录潮汐的情况，并且以每 15 分钟一次的频率将数据传送给海面浮标。当可能导致海啸发生的海浪经过时，海底所受到的压力会增加，上升的压力会使记录仪内部的石英振荡器摆动得更快。当这一现象发生时，DART 会切换到海啸模式，将数据传递频率提高到每分钟一次。当海面的浮标接收到海底传感器传来的数据之后，便会通过卫星将数据传到美国阿拉斯加州和夏威夷的监控中心。如果真的监测到了海啸，相关的地区将会在数分钟内收到警报。但浮标系统也有不足之处。由于浮标不可能随处安装，一些地区根本监测不到。另外，海啸只有在经过浅层海水时才能被浮标监测到，深层海水的微小变化却很难监测。

2006 年，法国科学家发现，海啸发生时大气离子层中会出现一种信号，这种信号的强度与海啸的强度有密切关系。研究人员早在 2001 年秘鲁海底地震引发海啸时就曾首次在大气离子层中捕获到这种信号。2004 年 12 月，当印度尼西亚苏门答腊岛附近发生强烈海啸时，海洋地形实验卫星和海洋地球卫星又同时捕获到电离层的强烈反应。这项研究成果弥补了海啸研究的一项空白，并将有助于完善海啸监测系统。

2009 年，美国国家海洋与大气管理局科学家首次发现，海啸的巨大波浪会通过海水与空气的相互作用而导致海面更加汹涌不平。海啸前沿的巨

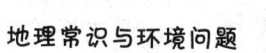

型波浪会先搅动海面的气流,而气流将比波浪本身更为急剧,于是会沿着波浪前端的斜面进一步搅动海水。由于汹涌的海水颜色看上去要比风平浪静时深一些,于是就会在巨浪引起的深色而又汹涌的海面与明亮而又平缓的海面之间形成鲜明的对比。用一些常见的科学仪器,就完全可以探测到这种对比度,即"海啸阴影"。如果把这些仪器安装在卫星上,使其绕地球轨道运行,那么这些仪器就能观察到一道宽几百公里、长数千公里的海洋阴影,这将有助于科学家提高海啸早期预报的准确性。

知识链接 >>>

海啸到来之前,往往会有一些深海鱼类因受不了深海地震而引起的水温骤升而逃命,如果这些深海鱼类突然到了水面上,海水的压力骤然减小,会使它们的胃翻出口外,眼睛突出眼眶外,体内部分小血管破裂,最终死亡。因此,如果我们在浅海中游玩时,看到一些怪模怪样的深海鱼类,万万不可掉以轻心,这说明有可能过不了多长时间,凶神恶煞的海啸就会疯狂席卷过来。

作恶多端的龙卷风

在变幻万千的天气现象中，常常会出现一些不同寻常的怪事，怪雨就是一例。1903年2月，在欧洲大陆许多国家，连续好几天降的是红色雨。1862年1月，在英国阿伯丁降了一场恐怖的黑色雨。此外，天上掉下青蛙、银币、谷粒等稀奇古怪的事情在世界上发生过多次。现在，随着科学技术的发展，许许多多怪雨现象都能得到科学的解释了。原来，这些大都是龙卷风的"杰作"。

龙卷风是一种猛烈的旋风，在涡旋内部空气柱强烈地旋转着，其风力可达12级以上，最大可达200米/秒。当龙卷风发生时，一个像漏斗或象鼻似的空气柱从雷暴云底盘旋向下，这种空气柱叫漏斗云。漏斗云是龙卷现象最显著的特征。古代，人们对这种神秘的自然现象无法解释，都把它说成是"龙"，叫它"龙吸水""龙摆尾""龙倒挂"等，久而久之，气象学上也叫它龙卷风了。

龙卷风常发生于夏季的雷雨天气时，尤以下午至傍晚最为多见。它的

地理常识与环境问题

直径一般在十几米到数百米之间,活动时间一般只有几分钟,最长也不超过数小时。但就是在这样短的时间里,它却能造成极大的破坏。当龙卷风经过水面时,可以卷起高高的水柱,就好像天龙低头吸水一样,被称为水龙卷。这种龙卷风能把海水、湖水卷上地面,遇到障碍物风力减小,夹杂在水中的生物也就掉下来了,形成了鱼雨、虾雨或龟雨、蛙雨;或是把这个地方的动植物或什么物件卷走落到另外一个地方,就形成了某某动植物或某某物件雨。发生在陆地上的龙卷风叫陆龙卷,风力强劲时,能拔起大树、掀翻车辆、摧毁建筑物,甚至把人吸走。

那么,龙卷风的巨大能量究竟来自何方?我们不妨先做一个小实验。在水池里放一些水,用手搅动,使水慢慢旋转,然后拔掉水池底的塞子,于是就可发现,在排泄口形成了一个旋涡。龙卷风的产生就与此相似。龙卷风的形成一般都与局部地区受热引起上下强对流有关,一旦出现强烈的上升运动,龙卷风就开始旋转;以后,云滴凝结时释放的热量等能源所提供的能量,使得旋转运动得以维持;当低层空气上升时,它的空缺位置就由迅速向内汇合的空气来填补,根据动量矩守恒定律,当向内汇合的空气越来越接近旋转中心时,气柱的旋转速度就越来越大,由此产生很大的风速。

龙卷风巨大的破坏力,首先是由于强烈的旋风,它几乎可以刮走它所遇到的任何东西;其次是由于它的内部压力很低,使得邻近的建筑物和交通车辆发生爆炸,这是因为龙卷风的气压在几秒或十几秒的时间内可以下降8%的大气压力,假如在它旁边有一间屋子,屋内的气压是标准大气压,而且屋内的气压不降低,或者降低很慢,龙卷风经过时,外部气压突然下降,由于突然产生的内外压强差,使墙面或天花板受到0.66牛顿/平方厘米的力,如果天花板的面积为6米×12米,则作用在屋顶上的力可达475200牛顿!这种突然施加的力,足以将屋顶一下子掀掉,就像在屋内发生了爆炸一样。

据统计,全世界每年的龙卷风大约1000次以上。美国是龙卷风"光顾"最频繁的国家。1879年5月30日下午4时,在堪萨斯州北方的上空有两块

又黑又浓的乌云合并在一起，15分钟后在云层下端产生了旋涡。旋涡迅速增长，变成一根顶天立地的巨大风柱，在3个小时内像一条孽龙似的在整个州内胡作非为，所到之处无一幸免。但是，最奇怪的事是发生在刚开始的时候，龙卷风旋涡横过一条小河，遇上了一座峭壁，显然是无法超过这个障碍物，旋涡便折向西进，那边恰巧有一座新造的75米长的铁路桥。龙卷风旋涡竟将它从石桥墩上"拔"起，把它扭了几扭然后抛到水中。1925年3月18日，发生在美国密苏里州、伊利诺伊州、印第安纳州的龙卷风，造成695人死亡，2027人重伤。

1987年，5股形状像粗大的象鼻子、上粗下细类似漏斗的龙卷风急速旋转着，横扫了宾夕法尼亚州和俄亥俄州、纽约部分地区以及加拿大的安大略省，龙卷风所到之处，犹如千百架喷气式飞机轰鸣，声如炸雷，惊心动魄。强劲的龙卷风把宾夕法尼亚惠特兰镇好几家工厂的波纹钢房顶撕成碎片，在俄亥俄州尼尔斯镇，3个各重34吨的丙烷罐被卷上了半空，然后像玻璃杯似的破碎了。更为神奇的是，龙卷风使一块木头戳穿了一只不锈钢锅，一个扫帚柄竟然刺穿了一根电线杆。龙卷风的能量由此可见一斑！

我国也有龙卷风出现。1956年9月24日上午，一次强龙卷风袭击了上海浦东一带，一个110吨重、有三四层楼高的大储油罐被卷到15米高的空中，并甩到120米以外地方。龙卷风还吹塌了一座三层楼房，把一幢五层高的教学大楼卷去了一角。1967年3月26日，在上海出现的一次龙卷风，破坏了两座双座高压输电线铁塔，这种铁塔每座均有4根2.2米长的座锚，按承受65米/秒的风速设计制造，结果被这次强龙卷风扭断、拔起。这是我国出现的破坏性最强的龙卷风。

龙卷风的范围很小，活动时间很短促，这给科学研究和预报带来了很大的困难。但是，龙卷风到来之前，只要留心观察，总会出现一些值得注意的天气现象和特征的。比如，龙卷生成前大气很不稳定、云系对流旺盛、气压明显降低、云的底部骚动特别厉害等。另外，气象雷达在发现和追踪龙卷风上起着很重要的作用，它可以测到300公里外的雷雨云，一旦在雷达中发现有龙卷风存在的钩状回波时，即可发出警报。气象卫星的出现给

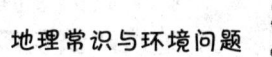

龙卷风预报增添了新的探测工具，尤其是用同步卫星拍摄的云层照片，在监视龙卷风的发生上起着更重大的作用。卫星昼夜都能观测，并且可以看到更小的目标。如果把卫星和雷达结合起来，就能连续观察龙卷风的变化，可在龙卷风发生前半小时发布警告。

知识链接 >>>

旋风是与龙卷风很相似的一种自然现象，它也是一种强烈旋转的空气柱，有些很强的旋风也像龙卷风一样可以把卡车等重物吹起。旋风与龙卷风最基本的差别在于它没有母云，因而也就没有从母云向下伸展的漏斗云。一般情况下，龙卷风和旋风的称呼是不分的。

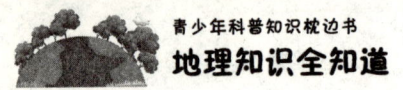

毁誉参半的台风

台风，是发生在西北太平洋和南海一带热带海洋上的猛烈风暴。大家一定看到过江河中不时有涡旋出现吧，实际上，台风就是在大气中绕着自己的中心急速旋转、同时又向前移动的空气涡旋。它在北半球作逆时针方向转动，在南半球作顺时针方向旋转。气象学上将大气中的涡旋称为气旋，因为台风这种大气中的涡旋产生在热带洋面，所以称为热带气旋。

为什么称为台风呢？有人说，过去人们不了解台风发源于太平洋，认为这种巨大的风暴来自台湾，所以称为台风；也有人认为，台风侵袭我国广东省最多，台风是从广东话"大风"演变而来的。事实上，世界上位于大洋西岸的所有国家和地区，无不受热带海洋气旋的影响，只不过不同的地区人们给它起的名称不同罢了。在西北太平洋和南海一带的称台风，在大西洋、加勒比海、墨西哥湾以及东太平洋等地区的称飓风，在印度洋和孟加拉湾的称热带风暴，在澳大利亚的则称热带气旋。

台风给人类带来的灾难是极其惨重的。据统计，全球每年因台风灾害致死人数约2万，经济损失超过80亿美元。历史上造成死亡人数达10万以上的飓风灾难就达8次。20世纪最大的飓风灾难发生在孟加拉：1970年11月12日，飓风夹带风暴潮席卷孟加拉，30万人死亡，28万头牛、50万只家禽死亡，经济损失无法计量。

那么，台风的能量来自哪里呢？早在20世纪20年代，我国著名气象学家竺可桢对台风的形成就提出了独特的见解，他认为，北太平洋台风大多起源于北纬5度至10度、东经130度至150度之间，这是因为当赤道低压移到北半球以后，南半球信风也随之北移，变成西南风；当东北信风和西南风在上述区域相遇时，就会形成旋风，这种情形类似于两支方向相反的水流相遇形成旋流一般；此外，该区域又处于高温区，气压低，空气辐合上升，四方之风旋转剧烈，于是就变成了台风。

瑞典气象学家斯凡特·博丁则认为，在台风的形成和发展过程中，地球自转的作用是至关重要的，台风的能源来自洋面潮湿的热空气，但是，地球自转为其提供了形成机制。台风本身的旋流运动一开始，它内环的吮吸能使更多的潮湿空气集中，促使能源聚集。当然，一旦台风登陆，它的能源便被切断，台风也就渐趋消退了。

英国的哈维博士也提出过有关台风形成的新观点，他指出：由于低纬地区没有明显的锋面温度对比，因此，台风必定是由热力不稳定以及动力不稳定共同引起的。除了信风带中出现东风波外，还必须具备4个必不可少的条件：一是海面较宽广，温度高于27℃；二是有深厚的、潮湿而不稳定的气层；三是纬度大于5度，这样，地球自转能够形成气旋式环流；四是垂直风向变化很小，使得它基本上不变形。当然，还必须在相应的对流层上部出现反气旋，使高空气流辐射，才能促使下面的空气辐射汇入，形成台风。

全世界每年平均有80—100个台风发生，其中绝大部分发生在太平洋和大西洋上。为了区分这些台风，有必要给它们单独取个名字。人们对台风的命名始于20世纪初，据说，首次给台风命名的是20世纪早期的一个澳大利亚预报员,他把热带气旋取名为他不喜欢的政治人物,借此,气象员就可以公开地戏称它。在西北太平洋,正式以人名为台风命名始于1945年,开始时只用女人名,从1979年开始,把一个男人名和一个女人名交替使用。直到1997年11月25日至12月1日,在香港举行的世界气象组织台风委员会第30次会议决定,西北太平洋和南海的热带气旋采用具有亚洲风格的名字命名,并决定从2000年1月1日起开始使用新的命名方法。新的命名方法是事先制定的一个命名表,然后按顺序年复一年地循环重复使用。命名表共有140个名字,分别由柬埔寨、中国、朝鲜、中国香港、日本、老挝、中国澳门、马来西亚、密克罗尼西亚、菲律宾、韩国、泰国、美国以及越南14个成员国和地区提供,每个国家或地区提供10个名字。这140个名字分成10组,每组的14个名字,按每个成员国英文名称的字母顺序依次排列,按顺序循环使用。这些名字大都出自提供国和地区家喻户晓的传奇故事等。中国提供的名字是:"龙王""玉兔""风神""杜鹃""海马""悟空""海燕""海神""电母"和"海棠"。

作为一种灾害性天气,可以说,提起台风,没有人会对它表示好感。然而,凡事都有两面性,台风在给人类带来灾害的同时,也会带来一些益处。

台风能给人们送来大量淡水。随着全球人口激增和工农业发展,人们对淡水的需求量日益扩大,加上陆地上有限的淡水资源分布不均匀,世界性水荒已日趋严重。而台风这一热带风暴却为人们带来了丰沛的淡水。据测算,一个成熟的台风在一天内所下的雨,大约相当于200亿吨水。

台风能起到调温作用。靠近赤道的热带、亚热带地区受日照时间最长,干热难忍,如果没有台风来驱散这些地区的热量,那里将会更热,地表沙荒将更加严重。同时寒带将会更冷,温带将会消失。那样的话,我国将没有昆明这样的春城,也没有四季常青的广州。

台风能保持地球的热平衡。台风蕴含着巨大的能量,可以直接给人类造成灾难,但也全凭着这巨大的能量流动使地球保持着热平衡,使人类安居乐业,生生不息。

地理常识与环境问题

台风还能增加捕鱼产量。每当台风吹袭时，翻江倒海，将江海底部的营养物质卷上来，鱼饵增多，吸引鱼群在水面附近聚集，渔获量自然提高。

知识链接 >>>

台风最高时速可达200公里以上，它每秒钟能释放出相当于6颗普通原子弹的能量。如果将一个成熟台风在一天内所释放出的热能转变成电能，可供全美国使用6个月左右。但台风的威力实在太大了，利用它发电面临的困难很多。科学家们现在已经开始研究相应的防范措施和改进方法，相信终有一天可以利用台风进行发电的。

"梅雨"天气

居住在长江中下游的人们,往往有这样的体验:每年6月中旬到7月上旬前后,经常出现一段持续较长的阴沉多雨天气。因为这时正是梅子黄熟的时候,所以,人们就把这种天气叫作"梅雨"或"黄梅天"。由于长时间的阴雨天气,缺少阳光,湿度又大,衣物容易受潮发霉,所以,也有人叫它"霉雨"。

为什么每到夏季长江中下游地区就会出现梅雨天气呢?原来,长江中下游地区处在欧亚大陆东部的中纬度,一方面受到从寒带南下的冷空气影响,另一方面又受到从热带海洋北上的暖湿空气影响。每年从春季开始,暖湿空气势力逐渐加强,从海上进入大陆,先至华南地区,然后进一步增强北移,到了初夏常常伸展到长江中下游地区,有时还可到达淮河及其以北地区。特别是在两三千米的低空,常有一支来自海洋的、非常潮湿的强偏南气流,风速

地理常识与环境问题

达到每秒十几米到 20 米左右。当它进入我国大陆以后,就与从北方南下的冷空气相遇。冷暖空气相遇,交界处形成锋面,锋面附近产生降水,梅雨就属于锋面降水的性质。如果冷空气势力比较强,云雨区将随着冷空气向南移动;如果暖空气比较强,云雨区则会随着暖空气向北移动。显然,在这两种情况下,它们都不会在一个地区停滞下来。但初夏时期,在长江中下游地区,一方面暖湿空气已经相当活跃;另一方面从北方南下的冷空气还有一定的力量,特别是在靠近地面的空气层里,常有一小股一小股的冷空气南下。这样,冷、暖空气就在这个地区对峙,互相争雄,形成一条稳定的降雨带。这条雨带南北只有二三百公里,东西长却可达 2000 公里左右,横贯在长江中下游,向东一直可以伸展到日本。直到 7 月上旬,暖气流变得更加强大,把冷空气赶到华北一带,江淮地区的梅雨期也就过去了。

在气象上,把梅雨开始和结束的时间,分别称为"入梅"和"出梅"。我国长江中下游地区,平均每年 6 月中旬入梅,7 月上旬出梅,历时 20 多天。但是,结合各具体年份来说,梅雨开始和结束的早晚、梅雨的强弱等,存在着很大差异。

有的年份,梅雨开始得很早,在 5 月底 6 月初就会突然到来。在气象上,通常把"芒种"以前开始的梅雨,统称为"早梅雨"。早梅雨会带来一些反常的现象。例如,由于在梅雨刚刚开始的一段时间内,靠近地面的大气层里,从北方南下的冷空气还是很频繁的,因此,阴雨开始之后,气温还比较低,甚至有冷飕飕的感觉,同时也没有明显的潮湿现象。长江中下游部分地区的农民,把这一段温度比较低的黄梅雨称为"冷水黄梅"。以后,随着阴雨维持时间的延长、暖湿空气加强,温度会逐渐上升,湿度不断增大,梅雨固有的特征也就越来越明显了。

同早梅雨相反的,是姗姗来迟的梅雨,在气象上通常把 6 月下旬以后开始的梅雨称为"迟梅雨"。迟梅雨的出现机会比早梅雨多。由于迟梅雨开始时节气已经比较晚,暖湿空气一旦北上,其势力很强,同时,太阳辐射也比较强,空气受热后,容易出现激烈的对流,因而迟梅雨常常多雷雨、阵雨天气,人们也把这种黄梅雨称为"阵头黄梅"。迟梅雨的持续时间一般

不长，平均只有半个月左右。不过，这种梅雨的降雨量通常相当集中。

1954年我国江淮流域出现了百年一遇的特大洪水，这次大水是由持续时间特别长的梅雨造成的。这一年，长江中下游的梅雨开始之前的5月下半月，春雨已经很多，梅雨又来得很早，6月初就开始了。天气一直阴雨连绵，并且不时有大雨、暴雨出现，维持的时间特别长，直到8月初才"出梅"。当阴雨结束转入盛夏天气时，已经临近"立秋"了。这一年整个梅雨期长达两个月，连同5月份的春雨，则达到两个半月以上。

同特别长的梅雨完全相反的是，有些年份梅雨非常不明显，它像来去匆匆的过客，在长江中下游地区停留十来天以后，就急急忙忙地向北去了，而且这段时间里雨量也不大，难得有大雨，这种情况称为"短梅"。更有甚者，有些年份从初夏开始，长江流域一直没有出现连续的阴雨天气。多数日子是白天晴朗暖和，早晚非常凉爽。本来在梅雨时节经常要出现的衣服发霉现象，也几乎没有发生。这段凉爽的天气一过，接着就转入了盛夏，这样的年份称为"空梅"。

有些年份，长江中下游地区黄梅天似乎已经过去，天气转晴，温度升高，出现盛夏的特征。可是，几天以后，又重新出现闷热潮湿的雷雨、阵雨天气，并且维持相当一段时期。这种情况就好像黄梅天在走回头路，重返长江中下游，所以称为"倒黄梅"。一般说来，"倒黄梅"维持的时间不长，短则一周左右，长则十天半月。

梅雨期的长短、雨量的多少、来去的迟早，对长江中下游地区的农业生产有很大的影响，6—7月间正值水稻、棉花等春播作物开始转入生长盛期，迫切需要水分，梅雨适时而来，对农业生产是很有利的。但若梅雨期来得过早，冬小麦、油菜等夏熟作物尚未收割完毕，就会造成烂麦和菜籽发芽等损失。又若梅雨期过长，雨水过多，或是"空梅"，雨水过少，因而引起涝旱，对农业生产就很不利。

梅雨对人的生活也有影响。我们知道，人感到最舒适的气象条件是气温18℃—20℃，相对湿度50%—60%。只要相对湿度不超过70%，尽管气温很高，人只会感到热，不会感觉闷；但相对湿度达80%以上时，情况就不同了，此时气温只要达到29℃，人就有闷热的感觉，而这种情况在黄梅天是经常碰到的，吹西南风时特别容易发生。因此，黄梅天要注意房屋的通风，勤洗澡，勤换衣，不吃变质发霉的食物，注意公共场所和个人的清洁卫生，同时，要保管好粮食、物品和家庭用品，防止霉烂。

知识链接 >>>

近些年来，受气候变暖影响，梅雨这个初夏季节江南地区特有的气候现象呈现出"非典型"现象，其表现为梅雨期间降水日与量都明显减少，高温天气频频出现，"梅雨"的天气气候特征趋弱。由此，科学家指出，今后"梅雨"定义可能将重新制定。

泥石流灾害

泥石流就是夹带着大量的沙石、泥土的特殊洪流。泥石流常常具有暴发突然、来势凶猛、迅速之特点，并兼有崩塌、滑坡和洪水破坏的双重作用，其危害程度比单一的崩塌、滑坡和洪水的危害更为广泛和严重，常常给人类生命财产造成重大危害。

泥石流往往发生在四壁陡峭、只有一个狭窄出口的谷地，且附近山上树木较少。在这样的地方，山上的岩石在烈日暴晒和急雨的打淋下，风化加快，易形成裂缝，崩解成小石块，并滚落在谷地。这样的石块堆积多了，就为泥石流准备了物质条件。此时，如果下一场暴雨，四周岩坡上带着泥沙的洪水冲到谷地上。巨大的冲力和水的润滑作用，便使石块随洪流而下。如果谷地的出口下面是一个狭窄陡峭的深谷，那么泥石流势如破竹，不断冲击沟谷两壁。在强大的冲击力下，两壁的泥沙、石块也纷纷坠落，加入泥石流的"队伍"，于是就形成了气势磅礴的泥石流。

地理常识与环境问题

在云南省东北部有一条金沙江的支流小江。在小江下游又有一条仅长12公里的小支流蒋家沟。那里山高谷深，经常出现泥石流。1977年7月27日那里发生了一次泥石流。有人做了以下记述：1977年7月26日夜间，天空乌云密布，至次日凌晨3时许，狂风呼啸，大雨倾盆，在几小时内降水量达230多毫米。清晨6时25分，透过雨声，从山沟里传来隆隆巨响，好似一列火车奔驰而来，震撼山谷。几分钟后，泥石流就沿蒋家沟蜂拥而至。先到的是阵发性泥石流的"龙头"，翻卷腾跃前进。接着又来一阵，速度加快，如此反复3次后，铺在河床上的新泥浆厚约1米。至6时40分时，第四次泥石流如万马奔腾，飞流而下，只见浪头滚滚，泥沫飞溅，百米不见首尾。当泥石流遇阻时，"龙头"直扑岸上，爬上一二十米的高坡，再折回头跌入沟中。遇障碍物较低时，"龙头"则飞掠而过。在一阵阵接踵而来的泥石流中，忽见一个直径3米多、体积近20立方米的巨石在泥石流中翻滚前进。至8时20分左右，又下滂沱大雨，接着出现更迅猛的连绵不断的泥石流，把河床掏挖、下切二三米，两岸沟壁也不断崩塌，加入不断壮大泥石流的"队伍"。连续流过后，又转入类似开始时的阵发流……一直持续5个多小时才告一段落。事后人们推算，此次泥石流搬运物质达25万立方米，冲击力达每平方米60吨。

虽然说泥石流是一种自然灾害，是山区特有的一种自然地质现象，但有些泥石流的发生，是由于人类不合理的开发而造成的。

人们在修建公路、水渠、铁路以及其他建筑活动时，破坏了山坡表面就有可能引发泥石流。香港多年来修建了许多大型工程和地面建筑，几乎每个工程都要劈山填海或填方，才能获得合适的建筑场地。1972年一次暴雨，使正在施工的挖掘工程现场120人死于滑坡造成的泥石流。

不合理的弃土、弃渣、采石也可能引发泥石流。如四川省冕宁县泸沽铁矿一带，因不合理堆放弃土、矿渣，1972年一场大雨引发了矿山泥石流，冲出松散固体物质约10万立方米，淤埋成昆铁路300米，给交通运输带来严重影响。

滥伐乱垦会使植被消失，使山坡失去保护、土体疏松、冲沟发育，大

大加重水土流失，进而山坡的稳定性遭到破坏，崩塌、滑坡等不良地质现象发育，结果就很容易产生泥石流。例如甘肃省白龙江中游是我国著名的泥石流多发区。而在1000多年前，那里竹林茂密，山清水秀，后因伐木烧炭，烧山开荒，森林被破坏，才造成泥石流泛滥。

知识链接 >>>

地质专家告诉我们，泥石流的发生也有迹可循。坡度较陡或坡体成孤立山嘴或为凹形陡坡，坡体上有明显的裂缝，坡体前部存在凌空空间、或有崩塌物，这说明曾经发生过滑坡或崩塌，今后还可能再次发生。另外，河流突然断流或水势突然加大，深谷或沟内传来类似火车的轰鸣或闷雷般的声音，沟谷深处突然变得昏暗，还有轻微震动感，这些迹象都能表明沟谷上游已发生泥石流。

地理常识与环境问题

寒潮的形成

每到冬季，我们常常可以收到中央气象台发布的寒潮大风降温警报。什么叫作寒潮呢？目前世界上还没有统一的标准。我国气象部门一般规定，24小时内温度下降10℃以上，这就是寒潮。因为这种大规模的寒冷气流来势迅猛，寒风刺骨，所以人们也称它为"寒流"。

寒潮是从哪里来的呢？这要先从我国的地理位置说起。我国位于欧亚大陆的东南部，从我国往北去，就是蒙古人民共和国和俄罗斯的西伯利亚。西伯利亚是气候很冷的地方，再往北去，就到了地球最北的地区——北极了。那里比西伯

利亚地区更冷，寒冷期更长，影响我国的寒潮就是从那些地方形成的。

位于高纬度的北极地区和西伯利亚、蒙古高原一带，一年到头受太阳光的斜射，地面接收太阳光的热量很少。尤其是到了冬天，太阳光线南移，北半球太阳光照射的角度越来越小，因此，地面吸收的太阳光热量也越来越少，地表面的温度变得很低。在冬季北冰洋地区，气温经常在-20℃以

下，1月份的平均气温常在-40℃以下。由于北极和西伯利亚一带的气温很低，大气的密度就要大大增加，空气不断收缩下沉，使气压增高，这样，便形成一个势力强大、深厚宽广的冷高压气团。当这个冷性高压势力增强到一定程度时，就会像决了堤的海潮一样，一泻千里，汹涌澎湃地向我国袭来，这就是寒潮。

来自北极和西伯利亚地区的寒潮是通过什么路线来我国的呢？一般把影响我国的寒潮路径分为3条：西路，来自北方新地岛以西的北冰洋洋面上，经西伯利亚进入新疆，然后沿着甘肃河西走廊进入华北、华中广大地区；中路，由新地岛以东，经贝加尔湖、蒙古人民共和国进入我国，这路寒潮势力最强大，往往直穿内蒙古高原、华北平原，到达长江流域，有时还越过南岭袭击华南，甚至可以到达海南岛；东路，由东西伯利亚、鄂霍次克海，经过东北或朝鲜、日本海到达我国东南沿海。四川盆地由于秦岭、大巴山的阻挡，寒潮较难侵入。青藏高原地势高峻，云南省位于大高原的南侧，很少受到寒潮的影响。

寒潮和强冷空气通常带来的大风、降温天气，是我国秋末冬初和冬末春初主要的灾害性天气。但近年来科学家们发现，寒潮也有有益的影响。

地理学家的研究分析表明，寒潮有助于地球表面热量交换。随着纬度增高，地球接收太阳辐射的能量逐渐减弱，因此地球形成热带、温带和寒带。寒潮携带大量冷空气向热带倾泻，使地面热量进行大规模交换，这非常有助于自然界的生态保持平衡，保持物种的繁茂。

气象学家发现，寒潮是风调雨顺的保障。我国受季风影响，冬天气候干旱，为枯水期。但每当寒潮南侵时，常会带来大范围的雨雪天气，缓解了冬天的旱情，使农作物受益。而农作物病虫害防治专家认为，寒潮带来的低温，是目前最有效的天然"杀虫剂"，可大量杀死潜伏在土中过冬的害虫和病菌，或抑制其滋生，减轻来年的病虫害。据我国各地农技站调查数据显示，凡大雪封冬之年，农药可节省60%以上。

寒潮有利有弊，因此，只要我们做好防护，寒潮天气带来的不利影响也会变为有利的一面。

地理常识与环境问题

知识链接 >>>

我国北方地区与世界上纬度相同的地区比较起来,冬天是最冷的。比如我国东北的黑龙江省,一月份天寒地冻,滴水成冰。同一个时间,与黑龙江省纬度相同的英国伦敦地区,却芳草碧绿,流水淙淙。这是因为我国处在东亚季风区,冬季风形成的寒潮加重了北国的酷寒;而英国因受北大西洋暖流影响,气温比同纬度其他地区高一些,也是这两个地区温度相差悬殊的原因之一。

"白色死神"雪崩

在宁静的、覆盖着白雪的山坡上,突然间,咔嚓一声,先是出现一条裂缝,接着,巨大的雪体开始滑动。雪体在向下滑动的过程中,迅速获得了速度。于是,一条几乎是直泻而下的白色雪龙,呼啸着向山下冲去,这就是被人们称为"白色死神"的雪崩。长期以来,雪崩是人类面临的最危险的高山灾难之一。

看不出丝毫先兆的雪山,为什么会突然发生雪崩?人们可能察觉不到,其实在雪山上一直都进行着一种"较量":重力一定要将雪向下拉,而积雪的内聚力却希望能把雪留在原地。当这种较量达到高潮的时候,哪怕是一点点外界的力量,比如动物的奔跑、滚落的石块、刮风、轻微地震,甚至在山谷中大喊一声——只要压力超过了将雪粒凝结成团的内聚力,就足以引发一场灾难性雪崩。例如刮风,不仅会造成雪的大量堆积,还会引起雪粒凝结,形成硬而脆的雪层,致使上面的雪层可以沿着下面的雪层滑动,发生雪崩。

地理常识与环境问题

但雪崩的发生也是有规律可循的。大多数的雪崩都发生在冬天或者春天降雪非常大的时候,尤其是暴风雪发生前后。这时的雪非常松软,黏合力比较小,一旦一小块被破坏了,剩下的部分就会像一盘散沙或是多米诺骨牌一样,产生连锁反应而飞速下滑。春季,由于解冻期较长,气温升高时,积雪表面慢慢融化,雪水就会一滴滴地渗透到雪层深处,让原本结实的雪板变得松散起来,大大降低积雪之间的内聚力和抗断强度,使雪层之间很容易产生滑动。雪崩的严重性取决于雪的体积、温度、山坡走向,尤其重要的是坡度,最可怕的雪崩往往产生于倾斜度为25°—50°的山坡。如果山势过于陡峭,就不会形成足够厚的积雪,而斜度过小的山坡也不太可能产生雪崩。

除了山坡形态,雪崩在很大程度上还取决于人类活动。据专家估计,90%的雪崩都由受害者或者他们的队友造成。

古代非洲北部曾经有一个非常著名的军事强国,叫迦太基帝国。后来,这个帝国与地中海北岸的罗马帝国发生了多次战争。公元前218年,迦太基名将汉尼拔奉命远征罗马帝国,他统率38000名步兵、8000名骑兵和37头战象,绕道西班牙和法国,在10月底翻越积雪的阿尔卑斯山。因为汉尼拔缺乏雪崩的常识,他的部队在阿尔卑斯山上被雪崩冲击得晕头转向,损失惨重,共牺牲18000名士兵,损失2000匹战马,有几头战象也葬身在雪海之中。

到了近代,法国皇帝拿破仑准备侵略意大利,中间隔着白雪皑皑的阿尔卑斯山。拿破仑比汉尼拔要高明得多,他先派出探子到山上去侦察。探子回来战战兢兢地说,"也许可能通过,但是……"。拿破仑立即阻止探子说下去:"只要可能,便没有但是,马上向意大利进发!"1796年,拿破仑亲自率领40000名士兵,排成30公里的长蛇队形,浩浩荡荡,从西北向东南横越积雪的阿尔卑斯山。尽管拿破仑事先作了充分的准备,但是,阿尔卑斯山的雪崩,还是掩埋了近千名法国士兵。

雪崩威力为什么那么大呢?这主要和它的速度有关。我们知道,人类短跑的世界冠军,不过每秒钟跑11米;动物界的短跑冠军猎豹在追捕猎物时出现的闪电般的速度，不过每秒钟跑30.5米；12级的强大台风，不过每秒钟跑32.5米，但是雪崩却能够达到每秒钟97米的惊人速度。1970年，一场大地震引发了秘鲁的灾难性大雪崩，雪崩在不到3分钟时间里飞跑了14.5公里路程。也就是说，每秒钟平均达到近90米的速度。据测算，一次高速运动的雪崩，会给每平方米的被击物体表面带来40—50吨的力量，世界上根本就没有哪种物体能经得住这样的冲击。1981年4月12日，一块体积约一栋房子那么大的冰块从美国阿拉斯加的一座火山顶部的冰川上滑下，落在旁边的雪坡上，造成数百万吨雪迅速下滚，将沿途13公里的地区全部摧毁。有关专家指出，该雪崩产生了长达160公里的粉末状雪云，是迄今为止最为严重的一次。

雪崩造成灾害的另一个原因是雪崩引起的气浪。雪崩体在高速运动过程中，能够引起空气剧烈的振荡，在雪崩龙头前方造成强大的气浪。这种气浪有些类似于原子弹爆炸时的冲击波，力量是很大的。秘鲁1970年的大雪崩所引起的气浪，把地面上的岩石碎屑卷扬起来，竟使附近地方下了一场稀奇的"石雨"。

在陡岩或者河谷急转弯的地方，雪崩体很可能被阻停留下来，而雪崩气浪却很难停止，它会继续沿着雪崩运动的方向爬山越岭。因此，雪崩气浪的作用范围要比雪崩体大得多。雪崩气浪也能摧毁森林、房屋和其他工程设施。它越过交通线路时，甚至能倾覆车辆。人遇到它，即使刮不走，也会窒息而死。

为了征服雪崩，人们尝试了种种方法，如采用炮击战术，用炮火扫射有崩落危险的雪；或用切割法及雪崩斜坡栅栏法，后者就是用金属和尼龙网来阻挡积雪崩落，或在积雪区建立防雪崩栅栏和土堤。人们还提出一些奇思妙想：建议前往山区的人带上装有压缩气体的气球，以便在危急的情况下，气球在两秒钟内即充满气，并把它的主人抬升到雪崩之上。事先计算好的气球载重量仅限于把人悬浮在雪崩之上，就如浮标一样，而不会使人飞走。当然，借助精密的仪器发布雪崩预报更为上策。据报道，芬兰已制造了一种仪器，能在雪崩形成之前很久预报出雪崩的危险性。该仪器能

地理常识与环境问题

自行测量雪层的厚度、雪的湿度，并且能根据这些资料确定危险的雪崩是否会在这里出现。瑞士雪崩危险区的救援服务部有大量微型收发报机，并把它们租给准备上山的人，如果发生不幸，那么根据安装在皮鞋上的收发报机的信号，就能发现被埋在深达8米雪底下的人，精确度达到30厘米。毋庸置疑，雪崩这个"白色魔鬼"尽管猖獗，人类终将设法减少其危害。

知识链接 >>>

为了尽可能地减少和避免雪崩所造成的损失，应当掌握一套安全保护方法。遇到雪崩时，切勿向山下跑，因为雪崩的速度非常快，而是应该向山坡两边跑，或者跑到地势较高的地方。跑不过雪崩的话，闭口屏气是唯一选择，因为气浪的冲击比雪团本身的打击更可怕。

绿洲"变"沙漠

土壤是极其珍贵的自然资源,全世界适合于农业生产的土地,包括耕地、草地、林地,加在一起也不到陆地总面积的1/3,而且这些土地正由于种种人为的原因在不断退化。除水土流失之外,沙漠化就是一种主要的土地退化现象。

沙漠是干旱气候的产物,早在人类出现以前,地球上就有沙漠。但是,除了自然因素,人在沙漠的形成和扩展方面也起了重要作用。非洲的撒哈拉沙漠是世界"沙漠之王",面积约800万平方公里,相当于非洲大陆面积的1/4,从东到西

几乎占据了整个非洲的北部,横跨11个国家。可是,撒哈拉沙漠原来却远没有这么大。1万多年以前,这里曾出现过一个短暂的湿润期,生长过雪松、榕树、槐树和柳树,还有一个名为"撒赫勒"的大草原。几千年前,这里的某些地方仍然是农牧业比较发达的地方,撒哈拉沙漠北部靠地中海的地区,在罗马时代更盛极一时,被称为西方文明的发源地。尽管它们现在已经为风沙所侵占,但淹没在这个大沙漠里的一些废墟,却清楚地表明

地理常识与环境问题

了这里曾经有过一个繁荣富饶的过去。这就告诉我们，荒凉的沙漠和丰腴的草原之间并没有什么不可逾越的界线。有了水，沙漠上可以长起茂盛的植物，成为生机盎然的绿洲；而绿地如果没有了水和植物，也可以很快退化成为一片沙砾。遗憾的是，从世界范围来看，绿地退化为沙漠的势头，要比把沙漠改造成绿洲的势头强劲得多。这样，我们就经常听到一个十分可怕的名字：沙漠化。这个问题直到20世纪70年代才引起人们的重视。

随着世界人口的增加，干旱、半干旱地区人类活动的加强，沙漠化速度有增无减。印度西北部的拉贾斯坦是世界上人口最稠密的干旱地区，有一片大沙漠名叫塔尔沙漠。20世纪50年代以来，这里牧场在缩小，牲畜在增加，耕地在扩大，可结果却与他们当初的期望相反，带来的尽是灾难：草场退化，农田弃耕，风沙进逼。塔尔沙漠每年向前挺进0.8公里，有13000公顷的农田和牧场沙漠化。科学家警告说，照这样发展下去，用不了几十年，拉贾斯坦地区就会变得像月球上那样荒凉死寂。

既然沙漠化是由人类不适当的行为造成的，那么，它也应该可以通过人类的明智行动来解决。途径很多，包括改善土地的利用方法，形成良好的农业生态系统；停止过度放牧和毁林开荒，保护绿色植被；大力营造防护林，封沙育草，固沙造林，引水拉沙……再进一步，人们不仅要抗击沙漠的进攻，遏制沙漠化的发展，还要兴建超巨型工程，大规模调水去改造沙漠，使沙漠变成绿洲！

知识链接 >>>

沙漠化带来的良田变荒漠是当前全球最严重的环境危机之一，全世界每年有500万—700万公顷具有生产能力的土地变成沙漠。从20世纪50年代到70年代末，我国沙漠化土地平均每年增加1500平方公里。到2014年，我国沙化土地总面积超过170万平方公里，占国土面积的17.9%。但与2009年相比，5年间，沙化土地面积净减少了近1万平方公里。虽然我国沙化土地治理成效明显，但形势依然严峻，工作仍然艰巨。

水污染的历史教训

地球上所有活着的生物,大部分都由水组成。水也组成人体的基本成分,如果你的体重是60公斤,那么其中水的重量就差不多占了40公斤。人的生活离不开水,水能调节人的体温,输送营养物质,排泄无用废物,从而维持着人体的各项生理机能。人类在尽情享受水的一切恩惠的同时,却没有认真想到应该怎样好好保护它,因水污染而引发的一系列灾害事件,给世界各国人民留下了惨痛的历史教训。

对于天然水的污染,自从人类出现并在水源旁定居时就开始了。西欧一些临河的城市,过去没有下水道,家庭污水直接排到街上,沿脏水道流到河里,使河水受到不同程度的污染。当然,这种污染范围小,影响不大,没有引起人们的足够重视。但随着工农业的迅速发展,有毒工业废物以及农业上用来消除杂草和害虫的农药等物质排入河中,造成了严重的水质污染。有人曾在北极熊和南极企鹅的细胞组织中发现杀虫粉的痕迹,这些动物是食用了被杀虫粉污染的鱼以后被污染的。1954年,

地理常识与环境问题

加拿大为了消灭一种危害常绿树木云杉的蚜虫,在东部林区喷洒了大量的DDT农药,结果两天之内河里就出现了死鱼,道路两旁和林中的鸟也逐渐死去,河流中多数动物都沉寂了。1962年,巴黎和鲁昂之间的塞纳河,曾被洗衣粉的泡沫充塞,致使低功率的船舶难以通行。1969年,美国俄亥俄州的凯霍加河起火,火焰达五层楼之高,烧掉了河上的两座铁桥。这场大火,是由于河上积存了厚厚的油污和脏物引起的。同年,美国在修建布克曼大桥时,有32个桥墩发生了爆炸。这是由于河水污染、细菌大量繁殖,并与桥墩中的纸板内模起作用、生成大量的甲烷气体而引起的。

世界各地很多水体中含有有毒元素,因而造成水生生物和水产资源的破坏,使许多河流、湖泊和近海变成了死亡的水域,直接危害着人类的安全和健康。震惊世界的"猫发疯"事件和"骨痛病"事件就是这样发生的。

1950年,在日本九州的一个小镇——水俣镇,人们看到一些发了疯的猫,它们步态不稳,惊恐不定,抽筋麻痹,惊叫着跳进海里溺死。过不多久,猫的这种"怪病"似乎也传染给人了。患这种病的人先是口齿不清,面部痴呆,走路跟跄;接着耳聋眼瞎,全身麻木,忽而酣睡,忽而异常兴奋;最后精神失常,身弯如弓,在高声叫喊中死去。人们从来没有见过这种病,于是就以当地地名命名,把它叫作"水俣病"。猫为什么会发狂跳海?人为什么会精神失常?研究人员经过多年调查研究,终于揭开了这个谜,原来水俣病是由汞中毒造成的。汞是一种有毒的银白色金属,也叫水银。化验结果证明,水俣病患者的头发和尿中所含的汞比正常人高,脑、肾、肝中也含有不少汞。汞聚积在脑子里,毒害脑神经,结果就使猫发疯跳海,人精神失常,死得十分悲惨。

水俣镇附近有一家生产聚氯乙烯和醋酸乙烯的新日本肥料公司,生产过程采用成本低的汞催化工艺,把大量含有汞的废水和废渣排放到水俣湾中,汞在鱼、贝体内积累,浓度大大增加,人和猫吃了含汞的鱼、贝,就得了可怕的水俣病。据1972年日本统计,仅水俣镇一处就有180多名水俣病患者,死亡50多人。

日本近海与河流的严重污染,除了给居住在那里的人们带来"水俣病"以外,还带来了一种"骨痛病"。

神通川是日本富川平原的一条主河,河流两岸土地肥沃,富饶美丽,是日本的"粮仓"。自从1913年日本三井财团在此建立了神冈矿业所后,炼铅和炼锌厂排放的大量污水便进入了神通川,于是,河里的鱼类大量死亡,沿岸的稻田死秧、减产。1955年以后,河西岸的群马县出现了一种怪病:病人开始时的症状是腰酸、腿疼、手脚关节疼痛;几年以后,全身感到疼痛,病人不能行动,以至呼吸都会带来难以忍受的痛苦;最后骨骼软化萎缩,发生自然骨折,在衰弱痛苦中死去。有的病人因难以忍受痛苦而自杀。经尸体解剖,有的骨折竟达73处之多,身长缩短了30厘米,病态十分凄惨。后来经查实,神通川两岸的"骨痛病"是炼锌厂排出的废水造成的,这种含镉的废水将两岸的土壤污染,大量稻谷受害,未枯死的稻米中吸进了大量的镉。检验结果,这种"镉米"中含镉量超过了规定限度的15倍以上。当地居民吃的是含镉的米,喝的是含镉的水,久而久之,便引起了"骨痛病"。直到1968年,日本才确认这种"骨痛病"是由镉中毒引起的公害病。

水资源遭到严重摧残的问题,的确已经成为一个深刻的社会危机。国际社会也在这个危机的过程中对水污染治理的问题给予了高度的重视,并且经过多年不懈的努力,已经取得了足以令人欣慰的成就。如法国的迪尔河、欧洲的莱茵河,通过加强对工业废水的治理,污染基本得到控制,鱼类也恢复了生长。英国的泰晤士河早在19世纪中,就因水体污染严重使鱼类绝迹,但经过长时期的治理,水质已有明显好转,绝迹了100多年的鱼群又于19世纪60年代末重新游回到河里,80年代初又捕到了对水质污染极为敏感的大马哈鱼。

过去,由于人类自身的原因,对水资源造成了威胁,但是,只要人类注重研究和保护水资源,合理利用和开发水资源,大自然的宝贵财富——水资源,还将永远属于人类,为人类造福。

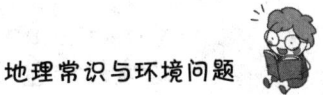

知识链接 >>>

随着社会经济的发展,人们排出的污水越来越多。现在的科学家们针对这个问题正在研究各种净化水源的方法,以期把污水变成有用资源,这既能消除污染,改善生态环境,又可缓解供水短缺。若污水问题得到解决,这个"第二水源"不仅不会枯竭,相反还会稳定增长。

亟待保护的臭氧层

万物生长靠太阳，生物的生存条件与生命运动所需的几乎全部能量都来自太阳光。太阳光中有大量的紫外线，如果这些紫外线全部射到地球的表面，那么地球上就不可能有任何生命存在，因为紫外线是生物的致命杀手。地球上的人类和生物亿万年来能够正常地在太阳光的照射下生长发育，世代繁衍，其实是仰仗了一种特殊物质的保护。这种物质分布在地面上空15公里到50公里的大气平流层中，并形成一个环绕地球的天然屏障。尽管这种屏障只是薄薄的一层，但却能有效地"阻挡"太阳光线中对人体和生物造成伤害的那部分紫外线的照射。

如果这种物质消失了，我们赖以生存的地球就会成为一个不设防的城市，能杀伤生物的紫外线便能无遮无拦地长驱直入，结果只能使地球上的生灵灭绝。据科学分析，这种构成地球屏障的物质每减少10%，得皮肤癌的人就会增加5%；每减少5%，患白内障而失明的人就会

 地理常识与环境问题

增加 50%。上述这种重要的物质就是臭氧，由臭氧形成的地球屏障就是臭氧层。

臭氧是德国化学家舍恩拜因在 1854 年发现的，但直到 1898 年，德国化学家拉登堡才确定了它的化学式，认定它是氧气的一种同素异形体。它的分子是由 3 个氧原子组成的，比普通氧气分子多 1 个氧原子。

臭氧在大气中的含量仅占一亿分之一，而且随着高度的变化而变化。在近地面层臭氧含量很少，从 10 公里高度开始逐渐增加，在 12—15 公里以上含量增加特别显著，在 20—25 公里高度处达最大值，再往上，臭氧的含量逐渐减少，到 55—60 公里高度上就极少了。在水平方向上，臭氧的分布也有所不同。赤道和低纬度的臭氧含量最少，随着纬度的增高，臭氧含量也增加。臭氧也有季节变化和日变化，在北半球高纬度地区，春季臭氧含量最大，秋季最小。

虽然臭氧的含量很少，但它对保护地球生命和对气候的影响却是非常重要的。不幸的是，近几十年人们发现大气中的臭氧层的浓度正在降低，有些地方变得稀薄，以致出现了臭氧洞。于是，南极洲的企鹅暴露在紫外光下，冰层下的海藻受到了伤害；毗邻南极洲地区的牧羊犬、绵羊和兔子的视力开始下降。令人震惊的是，欧洲上空的臭氧层中也出现了臭氧洞。

臭氧层是如何被破坏的呢？科学家们认为，是某些化肥和作为制冷剂的氯氟碳化合物，俗称"氟利昂"，家用电冰箱、空调机、喷雾摩丝和喷雾杀虫剂中，都含氟利昂气体。科学家发现，由于人类在生产、生活中广泛使用氯氟碳化合物，使高层大气中飘浮着这类化合物分子，在太阳紫外线的高能辐射作用下，氯氟碳化合物被分解，放出氯原子，氯原子能迅速"吞噬"臭氧分子，一个氯原子可以和 10 万个臭氧分子发生连锁反应；而氯原子在和臭氧分子作用后，又能迅速恢复原状，重新"攻击"另外的臭氧分子……就这样，臭氧分子被大量而迅速地吞噬掉了。

臭氧层一经被破坏，往往需要几十年时间才能恢复到原来的密度。为防止臭氧层继续遭到更严重的破坏，1987 年，联合国环境规划署协调召开了"保护臭氧层公约关于含氯氟烃议定书全权代表大会"，旨在采取实质性

的控制措施保护臭氧层。当年9月16日，24个国家在加拿大蒙特利尔市签署了《关于消耗臭氧层物质的蒙特利尔议定书》。20世纪90年代中期，为了纪念《蒙特利尔议定书》的签署，联合国将9月16日命名为"国际臭氧层保护日"，每年在这一天举行各种保护臭氧层的纪念活动。

目前人们除了用其他制品代替氟利昂外，还打算对已经出现的臭氧空洞用高科技办法修补。利用太阳能产生大量臭氧，然后将臭氧输送到空洞中将洞补好。科技人员的试验表明：在25公里以上的高空，使用一定强度的激光照射，可以导致太阳能产生更多的臭氧。

知识链接 >>>

2014年9月10日，世界气象组织与联合国环境规划署发布报告说，地球臭氧层有望在未来几十年内得到恢复。报告指出，如果能够全面遵循《蒙特利尔议定书》，中纬度地区和北极上空的臭氧层有望在21世纪中叶以前恢复到1980年的基准水平（臭氧层出现严重消耗之前的水平），南极部分地区有望在晚些时候恢复到这一水平。

"空中死神"——酸雨

平常的雨水都呈微酸性，pH 值在 5.6 以上，这是因为大气中的二氧化碳溶解于雨水中以后，一部分形成呈微酸性的碳酸的缘故。然而燃烧煤和石油的过程会向大气大量释放二氧化硫和氮化物，当这些物质达到一定的浓度以后，会与大气中的水蒸气结合，形成硫酸和硝酸，使雨水的酸性变大，pH 值变小，我们把 pH 值小于 5.6 的雨水，称之为酸雨。

世界上最早为"酸雨"命名的人是英国科学家史密斯。1852 年，史密斯分析了英国工业城市曼彻斯特附近的雨水，发现那儿雨水中由于大气严重污染而含有硫酸、酸性硫酸盐、硫酸铵、碳酸铵等成分。他成了世界上第一个发现酸雨、研究酸雨的科学家，并由此开创了一门崭新的学科——化学气候学。史密斯对酸雨整整调查研究了 20 年，于 1872 年写了《空气和降雨：化学气候学的开端》一书。就是在这本书中，他第一次采用了"酸雨"这一术语。不过，由于当时世

界上降酸雨的地方很少，所以并没有引起人们的重视。直到史密斯发现酸雨的40年以后，一个名叫索伦森的科学家才进一步确证了酸雨的存在，并且提出了测量酸雨的方法。20世纪以来，酸雨给人类带来的危害愈演愈烈，这才逐渐成为世人关注的一大问题。

20世纪50年代，美国水生生态学家曾揭示降雨的酸度与湖泊、土壤酸度的关系，并说明降水酸度是由于燃煤和金属冶炼排放的二氧化硫生成的。最早察觉自然界有变化的是北欧农民。20世纪50年代前后，他们发现河湖里有了从未见过的鱼，以为是"上帝的恩惠"赐予的，可没高兴多久，河流、湖泊中的鱼类开始减少或者没有了，一些建筑物外皮和一些青铜塑像开始剥落。人们开始追查原因，结果发现当地降雨的酸度竟然和西红柿汁相接近，是因为雨水中溶有大气中的二氧化碳、二氧化硫，变成了碳酸、硫酸。

可是位于北欧的几国都是山高水急，工厂不多，又是水力发电为主，雨中的污染物从何而来？对生物、人类、自然界还有什么影响呢？解开这种污染之谜的是瑞典的土壤学家奥丹博士。他还指出了酸雨将严重危及水质、土壤、森林和各种建筑物，对人类来说将是一场化学战。他的预言不断地被证实了，联合国环境规划署对欧洲13个国家森林状况作了调查，可以看到被调查国的森林都不同程度地受到酸雨的危害，重的受害面积达一半以上，轻的也有1/4。奥丹还指出了污染物质是经过在自然界的蒸发、沉降等过程，从遥远的欧洲中部迁移到北欧和更远的地方的。由于奥丹的杰出贡献，他被誉为"酸雨解谜之父"。

哪里有酸雨，哪里就会有灾难发生。酸雨落进湖里，时间一久，湖水就会变酸，而且越来越酸。开始是某些浮游生物、软体动物消失不见，无脊椎动物大大减少，不少鱼类的卵不能孵化；然后是绝大多数的鱼类也都消失，微生物的活动受到影响，水质严重恶化；最后生机盎然的湖泊变成死水一潭。那些酸度很高的湖泊，看上去水体很洁净，简直像水晶一般透明，但实际上已经是个"死湖"，是个没有生命的"水中坟墓"。

酸雨会降低土壤肥效，破坏土壤结构，妨碍土壤中水分和空气的调节，

地理常识与环境问题

甚至损害植物组织,影响光合作用,使大多数农作物减产。森林更深受酸雨之苦。酸雨降落到"林海"里,树叶直接受害,林地养分丧失,有害有毒元素趁机作恶,林木生长变慢,直到干枯死去。

德国人把酸雨称作"绿色的鼠疫",因为在德国,至少有一半的森林受到酸雨危害。德国人曾自豪地称自己的国家为"黑森林王国",可是由于酸雨肆虐,现在黑森林已变成了黄森林,墨绿的树叶泛黄脱落,好多树冠完全脱光,只剩下光秃秃的枝丫,在凄风苦雨中呻吟挣扎。

酸雨还会加速大部分建筑材料的腐蚀,严重破坏历史文物和古迹。已有2000多年历史的雅典古城堡是希腊民族的象征和骄傲,几乎全部用洁白的大理石建成,在长年累月的侵蚀下,酸雨已使精美的浮雕、神像变得面容憔悴,污头垢面,斑驳模糊,完全失去了昔日的光彩。酸雨也使意大利威尼斯的古建筑和部分艺术珍品严重受损,使印度著名的泰姬陵出现剥落现象,使英国圣保罗教堂的石料被蚀3厘米。德国每年因各地纪念碑受腐蚀就要损失数百万马克。虽说我国天降酸雨还不甚厉害,但它造成的危害已相当严重,给生态环境带来不良影响。

由于酸雨在空中飘移,是超越国界的全球问题,因此已被各国环境科学家看作最难治理的棘手问题之一,并被冠以"空中死神"的恶名。

为了降低酸雨的危害,联合国多次召开国际会议讨论酸雨问题,许多国家把控制酸雨列为重大科研项目。全世界已有40多个国家通过有关污染防治、限制汽车排污的立法。1993年在印度召开的"无害环境生物技术应用国际合作会议"上,专家们提出了利用生物技术预防、阻止和逆转环境恶化,增强自然资源的持续发展和应用,保持环境完整性和生态平衡的措施。专家们认为:利用生物技术治理环境具有巨大的潜力。煤是当前最重要的能源之一,但煤中含有硫,燃烧时放出二氧化硫等有害气体。煤中的硫有无机硫和有机硫两种。无机硫大部分以矿物质的形式存在,其中主要的是黄铁矿。生物学家利用微生物脱硫,将二价铁变成三价铁,把单体硫变成硫酸,取得了很好效果。例如,日本中央电力研究所从土壤中分离出一种硫杆菌,它是一种铁氧化细菌,能有效地去除煤中的无机硫。美国煤气研究所筛选出一种新的微生物菌株，它能从煤中分离有机硫而不降低煤的质量。捷克筛选出的一种酸热硫化杆菌，可脱除黄铁矿中75%的硫。据1991年统计，捷克利用生物技术已平均脱去煤中无机硫的78.5%，有机硫的23.4%。目前，科学家已发现能脱去黄铁矿中硫的微生物还有氧化亚铁硫杆菌和氧化硫杆菌等。生物技术脱硫符合"源头治理"和"清洁生产"的原则，是一种极有发展前途的治理方法，越来越受到世界各国的重视。

知识链接 >>>

目前世界上有三大酸雨区：一是以德、法、英等国家为中心的北欧酸雨区；二是包括美国和加拿大在内的北美酸雨；三是覆盖我国四川、贵州、广东、广西、湖南、湖北、江西、浙江、江苏和青岛等省市部分地区，面积为200万平方公里。

伦敦上空的"无声杀手"

雾是一种常见的天气现象，它和云的区别仅仅在于是否接触地面。按世界气象组织规定，使能见度降低到 1 公里的称为雾，能见度在 1—10 公里的称为轻雾。雾的主要成分是小水滴或冰晶，如果雾中的悬浮颗粒物较多，则被称为霾。

一般来说，秋冬早晨雾特别多，为什么呢？我们知道，当空气容纳的水汽达到最大限度时，就达到了饱和。而气温愈高，空气中所能容纳的水汽也愈多。1 立方米的空气，气温在 4℃时，最多能容纳的水汽量是 6.36 克；而气温是 20℃时，最多可以含水汽量是 17.3 克。如果空气中所含的水汽多于一定温度条件下的饱和水汽量，多余的水汽就会凝结出来，当足够多的水分子与空气中微小的灰尘颗粒结合在一起，同时水分子本身也会相互黏结，就变成小水滴或冰晶。空气中的水汽超过饱和量，凝结成水滴，这主要是气温降低造成的。而秋冬的清晨气温最低，便是雾最浓的时刻。

世界上最著名的多雾之城是英国首都伦敦，它素有"雾都"之称。据统计，伦敦的雾天，每年可高达七八十次，平均5天之中就有一个"雾日"。特别是在潮湿寒冷的冬季，大雾弥漫，数日不散。每当大雾降临，弥漫的大雾不仅影响交通，酿成事故，还直接危害着人们的健康，甚至威胁着人们的生命，是游弋在伦敦上空的"无声杀手"。

1952年12月4日，伦敦城发生了一次世界上最为严重的"烟雾"事件：连续的浓雾将近一周不散，工厂和住户排出的烟尘和气体大量在低空聚积，整个城市为浓雾所笼罩。不仅大批航班取消，甚至白天汽车在公路上行驶都必须打开大灯。当时在正在伦敦举办一场牛展览会，参展的牛对烟雾产生了反应，350头牛有52头严重中毒，14头奄奄一息，1头当场死亡。不久伦敦市民也对毒雾产生了反应，许多人感到呼吸困难、眼睛刺痛，出现哮喘、咳嗽等呼吸道症状的病人明显增多，进而死亡率陡增。据史料记载，从12月5日到8日的4天里，伦敦市死亡人数达4000人。根据事后统计，在发生烟雾事件的一周中，48岁以上人群死亡率为平时的3倍；1岁以下人群的死亡率为平时的2倍，在这一周内，伦敦市因支气管炎死亡704人，冠心病死亡281人，心脏衰竭死亡244人，结核病死亡77人。此外，肺炎、肺癌、流行性感冒等呼吸系统疾病的发病率也有显著增加。12月9日之后，由于天气变化，毒雾逐渐消散，但在此之后两个月内，又有近8000人因为"烟雾"事件而死于呼吸系统疾病。

事件发生以后，舆论哗然，英国政府被迫对致害原因组织调查。由于这样大范围的环境污染调查是破天荒第一次，工作难度大，组织又不得力，始终弄不清主要原因是什么，也就无法采取最有力的防治措施，以致在1956年、1957年和1962年又连续发生了几次烟雾事件。直到1963年，污染调查才算有了头绪，致害的主要原因是烟尘和二氧化碳的协同作用。原来粉尘中含有三氧化二铁的成分，它能促进空气中的二氧化硫生成三氧化硫，三氧化硫被水汽吸收，变成硫酸液沫，或附着在飘尘上，或凝聚在雾滴上，进入人的呼吸系统，造成支气管炎、肺炎和心脏病，从而加速了慢性病患者的死亡。

地理常识与环境问题

1952年的"烟雾"事件引起了英国民众和政府的注意，使人们意识到控制大气污染的重要意义，并且直接推动了1956年英国洁净空气法案的通过。后来，英国经过多年的努力，采取种种措施，终于使伦敦的环境状况得到了改观。到1980年，大气中烟尘的浓度已降低到20年前的1/8。从1975年起，雾日减到了每年16天，现在更减少到只有几天。由于污染严重而绝迹了多年的100多种小鸟，如今重新飞翔在伦敦的上空。过去种不活的花，现在生长良好。房屋和纪念性建筑物也不再受煤烟的熏蚀了。

知识链接 >>>

伦敦"烟雾"事件被环保主义者看作20世纪重大环境灾害事件之一。它与1930年的比利时马斯河谷烟雾事件、1948年的美国多诺拉烟雾事件以及1959年发生在墨西哥波萨里卡的烟雾事件一起，被当作煤烟型空气污染的典型案例，出现在多部环境科学教科书中。

洛杉矶光化学烟雾事件

提起光化学烟雾,许多人也许还很陌生。其实,光化学烟雾是排入大气的氮氧化物和碳氢化物受太阳紫外线作用产生的一种具有刺激性的浅蓝色的烟雾。当遇到不利于扩散的气象条件时,这种剧毒烟雾会积聚不散,造成大气污染事件。它的危害比酸雨还大,而且还会促成酸雨形成。光化学烟雾污染事件最早出现在美国洛杉矶,所以又称"洛杉矶光化学烟雾"。

洛杉矶位于美国西南海岸,西面临海,三面环山,是个阳光明媚、气候温暖、风景宜人的地方。早期金矿、石油和运河的开发,加之得天独厚的地理位置,使它很快成为了一个商业、旅游业都很发达的港口城市。洛杉矶市很快就变得空前繁荣,著名的电影业中心好莱坞和美国第一个"迪士尼乐园"都建在了这里。城市的繁荣又使洛杉矶人口剧增,白天,纵横交错的城市高速公路上拥挤着数百万辆汽车,整个城市仿佛一个庞大的蚁穴。

然而好景不长,从20世纪40年代初开始,人们就发现这座城市一改

往日的温柔，变得"疯狂"起来。每年从夏季至早秋，只要是晴朗的日子，城市上空就会出现一种浅蓝色烟雾，使整座城市上空变得混浊不清。这种烟雾使人眼睛发红、咽喉疼痛、呼吸憋闷、头晕、头痛。1943年以后，烟雾更加肆虐，以致远离城市100公里以外的海拔2000米高山上的大片松林也因此枯死，柑橘减产；仅1950—1951年，美国因大气污染造成的损失就达15亿美元；1955年，因呼吸系统衰竭死亡的65岁以上的老人达400多人；1970年，约有75%以上的市民患上了红眼病。这就是最早出现的新型大气污染事件——光化学烟雾污染事件。

光化学烟雾是由于汽车尾气和工业废气排放造成的，一般发生在湿度低、气温在24℃—32℃的夏季晴天的中午或午后。汽车尾气中的烯烃类碳氢化合物和二氧化氮被排放到大气中后，在强烈的阳光紫外线照射下，会吸收太阳光所具有的能量。这些物质的分子在吸收了太阳光的能量后，会变得不稳定起来，原有的化学链遭到破坏，形成新的物质。这种化学反应被称为光化学反应，其产物为含剧毒的光化学烟雾。

洛杉矶在20世纪40年代就拥有250万辆汽车，每天大约消耗1100吨汽油，排出1000多吨碳氢化合物、300多吨氮氧化合物、700多吨一氧化碳。另外，还有炼油厂、供油站等其他石油燃烧排放，这些化合物被排放到阳光明媚的洛杉矶上空，无异于制造了一个毒烟雾工厂。

光化学烟雾可以说是工业发达、汽车拥挤的大城市的一个隐患。20世纪40年代之后，随着全球工业和汽车业的迅猛发展，光化学烟雾污染在世界各地不断出现，除了美国洛杉矶之外，日本的东京和大阪、英国伦敦、澳大利亚、德国等大城市及中国的北京、南宁、兰州均发生过光化学烟雾现象。

光化学烟雾的形成机理十分复杂，但其主要污染物来自汽车尾气。因此，尽量减少汽车尾气的排放是当前一些国家和地区采取的共同措施。此外，各国还在改进汽车燃料、安装汽车排气系统催化装置、改善城市交通结构等方面做着积极的努力。从2000年起，洛杉矶已有50%的车辆使用甲醇或被改装成电动汽车，并重罚尾气污染。英国正严格限制汽油的含铅

量,并在汽车上安装氮氧化物的催化转化装置;日本东京除发展地面电车和地下铁路等公共交通外,还重点对汽车排气进行控制;荷兰的海牙也采取了一些反污染措施,如行车以金字塔形划分:重型运输车只能在最外环行驶,越靠近市中心,车辆就越小。葡萄牙的里斯本、德国的柏林和荷兰的阿姆斯特丹,有轨电车和无轨电车正在代替汽油车和柴油车。

鉴于光化学烟雾的频繁发生及其造成危害巨大,如何控制它的形成已成为世人瞩目的研究课题。

知识链接 >>>

对于光化学烟雾污染,目前还只能防,不能治,洛杉矶的居民仍深受其害。不过,世界卫生组织和一些发达国家现在已经把臭氧或光化学氧化剂在大气中的浓度,作为判断大气环境质量标准的一个指标,并根据它的变化向人们发出光化学烟雾的警报。

可怕的"温室效应"

北方冬季天寒地冻,草木凋零,可在一间密闭的玻璃温室内,小气候却温暖如春,照样生长着瓜果蔬菜和草木花卉。这是因为玻璃有一种特殊的本领,它能让太阳辐射畅通无阻地进入温室,加热室内的地面和空气,却不让室内的热辐射跑到外面去。这样一来,温室的热量收入多,支出少,温度自然就比室外高了。这种现象就叫"温室效应"。事实上,我们的地球也是一个大"温室",而且温室效应也非常明显。那么,地球上的温室效应是怎么产生的呢?

我们知道,太阳辐射有43%被地球表面吸收了。那么,地球每天都吸收这么多的能量,温度却不会越来越高,是为什么呢?这是因为地球吸收了太阳辐射的能量,同时它又通过地面辐射的形式,把所吸收的太阳辐射能量释放出去。这两者大致相等,因此又叫"收支平衡"。

夏天,我们站在太阳底下活动,会热得汗流浃背,而太阳下山后,就感到凉快。我们感到的只是直接的太阳辐射，而对地球辐射却毫无感觉。原来，我们所感觉到的太阳辐射，与地表吸收的太阳辐射一样，主要是太阳辐射中能量较大的、波长较短的可见光辐射。而地球表面吸收太阳辐射后所释放出的辐射能量，却是另一种辐射，即一种波长较长、能量较低的辐射。地球保持辐射平衡时所需的平均温度比地面的实际平均温度低得多，在这样的温度下，辐射能主要集中在4—120微米的波长范围内。显然，地面辐射的波长比太阳辐射的波长要长得多，因此，常把太阳辐射称为短波辐射，把地面辐射称为长波辐射。

地球表面所吸收的太阳能，以长波辐射的形式释放出去。释放出去的这些能量又跑到哪儿去了呢？原来，大气中含有水汽以及少量的二氧化碳、甲烷、一氧化氮等温室气体。这些气体在吸收地面的长波辐射方面显得特别"能干"，它们几乎把8微米以下和12微米以上的长波辐射能量全部吸收了。地面发出的长波辐射，被温室气体吸收后，又向四面八方发射出去，有的直接进入太空，有的仍射回地面。此外，大气中的云，既可吸收地面长波辐射，也可反射这种辐射。这些成分就像温室的玻璃窗那样，允许太阳辐射进来，但是，在相当程度上却能阻挡地面热辐射的散失，所以，人们形象地把它叫作"温室效应"。

亿万年来，地球一直受益于温室效应，因为温室效应创造了一个适宜生物栖息的环境。然而，自从工业革命以来，由于全球排放的温室气体骤增，气候专家预计2025年全球平均表面气温将上升1℃，到21世纪中叶将上升1.5℃—4.5℃。这个数字听起来好像不算多，甚至比白天和黑夜的温差还要小。然而，科学家宣称：一旦这种情况发生，我们现在赖以生存的许多土地都将变得不再适合居住，极地冰川融化导致海平面上升，将使许多海滨城市淹没在2米高的海水中。如果格陵兰岛冰原和南极洲部分冰原也发生融化，那么海平面将会升得更高。此外，地球上更多的土地将沦为沙漠。由于泥土中的湿气将被大量蒸发，美国西南部、中美洲、南美洲大部分地区、中国和澳大利亚等地都将会缺乏淡水。世界各地原来的沙漠将会疯狂向外扩张，撒哈拉沙漠将会向北方蔓延，并吞噬掉欧洲南部和中部。

地理常识与环境问题

这时，地球上唯一还剩下足够淡水的地方，将是那些远离热带区域的高纬度地带。一位美国科学家预言称，如果地球将来只剩下少数几个地方适合人类居住，那么将绝对无法支持现在这样庞大的数十亿人口，所以人类将大批死亡，最后幸存下来的人类，将不会超过10亿人。

然而，还有一些科学家持乐观的观点，认为即使地球上许多地方都变成沙漠，剩下的可居住区和"生命绿洲"仍可以维持60多亿，甚至更多人口的生存。科学家预测，地球上到时可能有90亿人需要"拯救"，人类将根据地球资源情况来重新安置人口、大量移民，如今冰雪皑皑的南极洲西海岸将变成树木葱郁的"绿洲"，上面将建满摩天大楼，里面住着密密麻麻的人。不过，由于农田沦为沙漠、生物大量灭绝，未来的人类如何吃饱肚子，将成为一个最令人头疼的问题。由于淡水变得稀缺，所以食品生产流程必须更有效，庄稼生长周期必须更短，人类必须更多种植那些耐旱的庄稼，马铃薯也许会取代水稻，成为人类的主食之一。

知识链接 >>>

温室气体是指大气层中易吸收红外线的气体，含量不足1%。大气层中主要的温室气体包括二氧化碳、甲烷、一氧化氮、氯氟碳化合物及臭氧。大气层中的水汽虽然是引起天然温室效应的主要物质，但它在大气中的含量并不直接受人类活动所影响。

危险的格陵兰"冰库"

格陵兰岛位于北美洲的东北部,在北冰洋和大西洋之间。近年来,地质学家们对格陵兰岛上发现的一些远古岩石化石进行了分析,发现格陵兰岛竟然形成于38亿年前,其前身是海底大陆。这一发现使得格陵兰岛一下子成为了世界上最古老的岛屿。另外,作为地球上最大的"冰库"之一,格陵兰岛还是气候变化的重要"指示器",因此成了气候学家们优先研究的对象。

据记载,格陵兰岛的发现者是一名挪威海盗,叫"红脸"艾力克。他在当时已属挪威管辖的冰岛连续两次杀人之后,被驱逐出境。在无路可走的情况下,他只好把一家老小和所有的东西都装到一个无篷船上,怀着一线希望,硬着头皮往西划去。经过了一段相当艰苦的航行之后,他终于看到了一片陆地。"红脸"艾力克在那里住了3年,觉得那里是一块很好的土地,于是决定回冰岛去招募移民。为了使这个地方听起来更加具有吸引力,他给这片土地起了一个好听的名字——格陵兰,意思是绿色的大地。其实,这个岛并不像它的名字那样充满着春意,那里气候严寒,冰雪茫茫，中部地区的最冷月平均温度为 –47℃，绝对最低温度达到 –70℃。

寒冷的环境使格陵兰岛成了一个冰雪覆盖的童话世界，它 84% 的面积被冰雪覆盖着。格陵兰岛的大陆冰川被称为冰盖，面积达 180 万平方公里，其冰层平均厚度达到 2300 米，与南极大陆冰盖的平均厚度差不多。格陵兰岛所含有的冰雪总量为 300 万立方公里。

在格陵兰岛那深广无边的白色寒冷世界里，降雪无法融化，于是年复一年地积累起来。新雪轻松柔软，每立方米重 100 公斤。实际上，新雪直接飘落冰面的机会并不多。由于常年狂风大作，六角形雪花在风中飞舞碰撞，渐渐磨去棱角，变成水泥粉一样的积雪，随风掉落在冰面，形成风积雪。风积雪的密度比新雪大，每立方米重 400 公斤。降雪一层覆盖一层，随着深度和压力的增加，风积雪渐渐变成由细小雪晶粒组成的粒雪。到 70—100 米深时，雪晶体互相融合，雪晶体颗粒之间的空气被压缩成一个个独立的小气泡，变成白色的气泡冰，或称新冰，新冰的密度达到每立方米 820 公斤。当埋藏深度超过 1200 米时，巨大的压力使新冰中的气泡消失，气体分子进入冰晶格，细小的冰晶体迅速融合扩大成巨大的单晶，最大直径可达 10 厘米。它们最终形成蓝色的坚硬老冰，也叫作蓝冰。被覆盖在白色新雪、粒雪及新冰下面的蓝冰，构成大陆冰盖的主体。而且，越是深层的冰，形成的年代越古老。据估计，格陵兰冰原最深处冰层的年龄可以达到几十万年甚至 100 万年以上。

2004 年，科学家们在格陵兰冰原下面 3200 米深处钻出的冰核中，发现了一个冰冻在其中的 200 万年前的松针。这一发现立即引起了巨大的轰动，这意味着现在冰天雪地的格陵兰，过去很可能是一片覆盖着繁茂的森林的绿色岛屿。而在过去的几百万年间，地球一直在寒冷和温暖之间做周期性的交替变动，大概每 10 万年是一个周期，这便是目前全球气候变暖的原因之一。后来，科学家们还通过格陵兰冰核证实，这一地区的表面温度在 10 年时间内增加了 9℃。

美国宇航局的一个实验室于 2008 年 3 月 23 日发布的研究结果说，最新卫星测量显示，从 2002 年到 2006 年，格陵兰岛每年损失 150—250 立方

千米的冰。目前海平面每年上升3毫米，其中0.5毫米便是由格陵兰冰川融化引起的。如果格陵兰岛的冰全部融化，全球海平面将升高7米。对人类来说，这将是一个灭顶之灾！据测算，海平面即便再上升1米，世界各地将近70%的海岸带，特别是广大低平的三角洲平原就将变成泽国，海水可入侵几十公里，甚至更远。许多世界名城，例如纽约、伦敦、阿姆斯特丹、威尼斯、悉尼、东京、里约热内卢、天津、上海、广州等都将被淹没。

知识链接 >>>

科学界和环保人士对全球海平面上升的速度并未取得共识。联合国气候变化专门委员会预测地球的海平面将于2100年前上升59厘米；然而，一名瑞典科学家指出，过去50年来，海洋水位只是按照自然规律时升时降，他预言海平面在21世纪内上升不会超过10厘米。

切尔诺贝利核泄漏事故

第二次世界大战中,美国在日本广岛、长崎两地投掷了两颗原子弹,迫使日本投降,为"二战"结束起了重要作用。战后,人们从原子弹的巨大威力中也得到启发,开始和平利用原子能,为人类谋幸福。但是,原子能进入人类生活后,类似广岛和长崎式的悲剧,犹如幽灵在人们身旁游荡。全世界曾发生过150多起核电站泄出放射性物质的事故,其中,苏联的切尔诺贝利核泄漏事故便是其中最为严重的一次。

切尔诺贝利核电站位于乌克兰北部,距首都基辅只有140公里,它是苏联时期在乌克兰境内修建的第一座核电站。曾几何时,切尔诺贝利是苏联人民的骄傲,被认为是世界上最安全、最可靠的核电站。但1986年4月26日的一声巨响,彻底打破了这一神话。核电站的第4号核反应堆在进行半烘烤实验中突然发生火灾,引起爆炸。据估算,这次核泄漏事故后产生的放射污染,相当于日本广岛原子弹爆炸产生的放射污染的100倍。

1986年4月28日上午,瑞典斯德哥尔摩以北150公里处福尔斯马尔克核电站的值班人员在退出管理区域时,大门监测器测出异常放射性,同时核电站周围地面也测出了污染。瑞典政府以为核电站发生泄漏事故,十分紧张,准备将600名职工撤离电站。接着,又发现瑞典东海岸一带广泛受到放射性污染。瑞典国立防卫研究所对空气中尘埃进行核素分析,测出碘-131、铯-137和钌-103等放射性核素,从而判明污染不是来自核试验,而是来自核电站事故。根据当天的风向和上空的气流,推测事故源可能在白俄罗斯、乌克兰一带。瑞典政府当即询问苏联政府,但没有得到答复。

1986年4月28日21时02分,苏联在国立电视台新闻节目中首次承认发生了事故。直到4月29日,苏联政府才通过塔斯社正式宣布:切尔诺贝利核电站4号堆发生堆芯爆炸事故,时间为4月26日凌晨1时23分。

这是国际核电史上最严重的一次事故,它对环境造成的污染极其严重。在核电站事故现场,人们不能用水和化学品灭火,因为它们一旦化为含强烈放射性的蒸汽进入空中,后果不堪设想,唯一的办法是用沙子、硼、黏土、铅、白云石等物质将反应堆严严实实地覆盖起来。至1986年5月11日,5000多吨沙石才将反应堆破损处完全堵住。接着,苏联政府决定,在污染范围之内的庄稼一律不准收割,全部翻耕深埋,核电站周围的土地都要掘地一米,把沾染了放射性物质的表土埋入地下。为了防止放射性物质流入第聂伯河的支流普里皮亚特河,并进入基辅市民饮用水的主要来源——基辅水库,苏联政府决定在反应堆底座之下,浇铸一个厚厚的水泥"垫子",将它与地下土层分隔开来。为此,矿工们夜以继日,在短短的两个月之内从地下挖了一条长136米、直径1.8米的隧道,直通反应堆底部。至此,"核魔"才算被彻底锁住。

科学家最为关注的是这场事故造成的环境污染对未来的影响。据测算,这次泄漏出来的强放射性物质达8吨之多,核电站周围1000平方公里的地区都遭到了核污染。苏联提出的一份正式报告中也承认,在此后70年内,可能会有6750人死于这次核污染,而西方核科学家的估计还要严重得多。1986年11月英国防止辐射委员会公布的研究报告说,这次核事故将使

在未来的70年内，死于癌症的人数增加约1000人。而另一位西方专家估计，苏联境内将有25000人因为这次事故将死于癌症。国际核能安全咨询组织报告说，由于切尔诺贝利核电站泄漏到大气中的铯-137需100年才能衰变，因此，在长达一个世纪的时间内，它都会给人类带来癌症和各种遗传病症的威胁。

知识链接 >>>

2011年3月11日，日本本州岛附近海域发生里氏9.0级地震，随后引发海啸。地震和海啸造成福岛第一核电站严重损坏，引发"福岛核泄漏事件"。其地下水污染与放射性物质沉降污染了附近的土地；大量放射性污水直接排入海中造成水体污染；其放射性核元素扩散到空气中造成全球扩散的空气污染。"福岛核泄漏事件"影响已经超出了日本国界，成了全球性的核污染事故。

"地球水塔"泄漏引发的危机

地球上南北两极、温带和热带的高山地区，凡是气温常年在0℃以下的，降雪常常形成堆积。经过热力或动力作用，使积雪变质，形成粒雪；粒雪进一步变质，就逐渐形成了冰川冰，冰川冰有一定的可塑性，在压力和重力作用的影响下，沿着地面出现滑动，就成了人们所说的冰川。

冰川形状与河川极其相似，但移动速度只及水的流速的万分之一左右，每年移动几米到几十米。全球冰川面积约1600万平方公里，冰川储量2406万立方公里，约占全球淡水总储量的69%左右，几乎相当于全球湖泊和河流淡水总量的120倍。可见，冰川是全球淡水资源的宝库，被称为"固体水库""地球水塔"一点也不过分。

冰川总是在冬春积聚冰雪，夏天雪水奔流。春天四五月间，农业需要水，但因为天气较冷，冰川融化不多；到了夏天，冰川大量融化，许多水都白白流走。我们的祖先根据"深色物体容易吸热"这个原理，常常在春耕前把牛马粪和草木灰撒在向阳坡的冰雪上，使冰雪吸收太阳的热，提前

地理常识与环境问题

融化成水,用来灌溉田地。到了现代,它的应用范围已不仅仅限于农田灌溉了。在水能高度发达的地区,如挪威、阿尔卑斯山地区,人们在冰川末端河谷建水库,蓄积冰川融水发电,瑞士能源中有一半以上就靠冰川融水发电的。但是,就在造福人类的同时,冰川消融也正成为人类面对的一大威胁。

正在加速消融的冰川严峻态势,必将带来严重的可怕后果。科学家认为,在过去的一个世纪里,冰盖和山地冰川的融化,是导致全球海平面上升10—25厘米的原因之一。如今,冰川融化导致海平面上升的数值正在不断增加着。如果南极冰川发生崩解,会引起全球海平面上升近60米。如果南北极两大冰川全部融化,其结果会使海平面上升近70米。冰川消融引起海平面上升,将淹没沿岸大片地区,使得居住在这些地区占世界一半人口的居民不得安宁,所有的沿海地区都将变成汪洋大海,美国纽约只能剩下联合国大厦和几座摩天大楼的楼顶,法国巴黎也许只能看到埃菲尔铁塔的塔顶,而荷兰、英国等几十个低洼国家将不复存在!

此外,冰川融化后,暴露的陆地和水面会吸收太阳光热量,从而导致冰体融化更多,由此连锁反应势必加速地面增温过程,有助于气候变暖。而北极地区冰体过度融化后,较冷冰水会对欧洲部分地区和美国东部地区产生冷却效应,冰水流入北大西洋,又可能会使那里的大洋环流模式遭到破坏,反过来又影响着全球气候变化。

冰川消融加快的研究结果,向全球发出了新的警报:"拯救冰川,拯救生命!"面对冰川如此惊人的变化速度和全球气候变暖的严峻挑战,人类有义务和责任迅速采取措施,减少二氧化碳和其他温室气体的排放,以降低"地球水塔"漏水的速度。

知识链接 >>>

被誉为"世界第三极"的喜马拉雅山脉冰川已经开始萎缩,从西藏到尼泊尔一侧的喜马拉雅山脉的冰川表面积已经在过去的40年

间缩小了近30%；依靠其水源供给的亚洲各地出现水危机。历史上丝绸之路的河西走廊原本是一处干燥地，可现如今到了夏季经常遭受暴雨袭击，发生洪涝灾害。青藏高原永久冻土层的解冻，更是威胁着当地动植物的生态处境。

二叠纪生物大灭绝的"幕后黑手"

2.51亿年前的地球,海洋和陆地的生物突然经历了一次最大规模的变化,这就是地球生物历史上规模最大的一次灭绝——"二叠纪生物大灭绝"。有统计显示,当时约有70%的陆生物种和超过95%的海洋物种消失。关于地球历史上最大规模生物灭绝的原因可谓众说纷纭,其中一个重要的声音就是认为当时一颗巨大流星撞击了地球南极,这一判断也得到了一些研究者的支持。不过,美国地质学家的一项最新研究发现,地球上这次规模最大的二叠纪生物灭绝也是进展最慢、持续时间最长的一次,它并非

突然事件。这无疑是对流星撞击理论的一次打击。那么,这一事件到底是如何发生的呢?

20世纪90年代,科学家在西伯利亚的冻土层下面发现了绵延数千公里的火成岩,这一套岩石被称为"西伯利亚大火成岩省"。火成岩的形成与火山和岩浆有着最直接的关系。也就是说,在很多年前的西伯利亚,连绵

数千公里的地壳被火山熔岩撕裂，岩浆如洪水般地涌出，在数百万平方公里的土地上肆虐蔓延，并最终造就了这一大套火成岩。科学家们通过进一步研究发现，这次巨大的火山喷发事件发生在大约2.5亿年前，前后延续了100多万年。

随着研究的深入，科学家们在中国西南的峨眉山和印度西北的潘加也都发现了大规模的火成岩省，经过鉴定，这些火成岩也产于约2.5亿年前，与西伯利亚大火成岩省基本形成于同一时期。这些大规模的火山喷发事件恰好与二叠纪末期的生物灭绝事件在时间上吻合。于是科学家自然就考虑，这些火山爆发事件跟生物灭绝事件会不会有什么关系呢？

科学家们对现代和古代的一系列火山喷发事件进行了研究，了解到大规模火山爆发会对全球气候产生巨大的影响。科学家们认为，持续不断的火山喷发会把大量火山气体和火山灰带进地球大气。一方面，大量的火山灰喷入空中，进而弥散到全球各个地区，它们会遮挡阳光的照射，这样就阻碍了植物的光合作用，并从根本上破坏了整个地球的生物链；另一方面，火山喷出的二氧化碳气体通过长期的积累，必然造成温室效应，使地球温度持续上升；另外火山还喷出大量二氧化硫和硫化氢等气体，这些气体有剧毒，可以直接毒害生物，与空气中水蒸气结合形成酸雨，落到地表和海洋中，造成生态环境的极大破坏。

科学家利用这些理论提出了二叠纪末期全球生物灭绝事件的"火山成因说"。但是，仅仅靠这些猜测和联系是远远不够的，科学家还需要找到更加直接的证据来将火山爆发和生物灭绝紧紧地联系起来。后来，一个中美联合的研究小组在著名杂志《科学》上发表了一篇文章，为"火山成因说"提供了最有力和最直接的证据。这些科学家在中国的四川省找到了两套非常相似的地层。经过鉴定，这两套地层大概都形成于2.6亿年前。每套地层中都同时包含了两种不同的岩石，一是峨眉山大火成岩省的火山岩，二是二叠系的沉积岩。其中火山岩代表着二叠纪的火山喷发事件，而沉积岩中则记录了某些二叠纪的浮游生物的灭绝。通过将这些岩石进行对比研究，科学家们发现火山喷发与浮游生物的灭绝几乎是同时发生的，这直接说明

了二叠纪火山喷发与生物灭绝事件具有非常密切的关系。

科学家并不满足于此，他们要进一步了解，火山喷发究竟是怎样一步步影响到生物的？要了解这些，必须对二叠纪时期的海洋、大气环境有非常详细的了解。于是地球化学家们提取岩石中存留的化学信息，以了解当时海洋的化学信息。然后科学家们将这些信息汇总、进行模拟，以重现二叠纪时期的地球气候环境。

科学家们经过多年的研究发现，二叠纪末期的海洋居然是一个缺少氧气的海洋，很多海洋生物根本无法生存。更可怕的是，这时期的海洋中不但没有氧气，反而溶解了大量剧毒的硫化氢气体。那么，这样的海洋是如何形成的呢？通过计算机的模拟，科学家对"火山成因说"做了进一步的修正。新的理论认为，2.5亿年前西伯利亚火山群持续喷发的时候，岩浆喷出仅仅影响了周边的生态系统，并没有造成全球性的影响。火山大量喷出的各种火山气——特别二氧化碳进入大气，二氧化碳持续的积累，造成地球上的温室效应，导致全球变暖，海水温度上升。在通常情况下，较低温度的海水更有利于溶解较多的氧气，因此这个时期的海洋容纳氧气的能力大大降低；与此同时，火山还喷出大量火山灰遮蔽阳光，阻碍了绿色植物的光合作用，产出的氧气大大减少，这就导致大气中的氧气含量剧烈下降。这两个作用叠加，很容易造成二叠纪末期的海洋中缺乏氧气。

在这样一个缺氧的海洋中，大部分生物很难存活，但是有些细菌却能够在里面自得其乐。这其中有种细菌叫作"硫酸盐还原菌"，这种细菌不但能够在缺氧的海水中繁衍生息，还会产出剧毒的硫化氢气体。它们就这样在二叠纪海洋中愉快地生活繁殖，继而将二叠纪末期的海洋变成一锅"大毒粥"。经过进一步累积，海洋中的硫化氢气体浓度超过一定的限度，就会释放到大气中，更进一步破坏生态环境，毒害陆地生物。

随着更多证据的发现，现在大部分科学家都相信二叠纪末期的大规模火山爆发可能是这次生物灭绝事件的"幕后黑手"。火山爆发向大气中喷射大量的火山灰和各种火山气体，它们直接或者间接地影响到了整个地球的生态环境，再经过一系列的连锁反应，最终导致了二叠纪末期的生物灭绝

事件。

还有一种观点认为，二叠纪末期的生物灭绝事件与甲烷释放有关。甲烷是一种可燃气体，我们现在所使用的天然气或者沼气中的主要成分就是它。在寒冷地区的永久冻土或者近海大陆架的沉积物中都储存着丰富的甲烷，甲烷是一种比二氧化碳更厉害的温室气体。在距今大概7亿年前，地球上出现了一次巨大的冰期事件，叫"雪球地球"。当时整个地球都被冰雪覆盖，地球变成了一个名副其实的雪球。科学家怀疑正是因为甲烷气体释放进入大气，造成了非常强烈的温室效应，才最终使得"雪球地球"融化。有些科学家通过研究认为，因为温度升高或其他原因，在二叠纪的末期可能也出现过大规模的甲烷释放事件。这些甲烷造成了强烈的温室效应，导致全球温度持续上升，最终引起生物大灭绝事件。

虽然二叠纪生物大灭绝的原因虽然众说纷纭，但可以肯定的是，它与环境急剧变化有密切关系。正是生态环境的巨大变化最终导致了生物灭绝事件的发生。

知识链接 >>>

今天的地球即将迎来"第六次物种大灭绝"。此前地球已发生过5次大规模生物灭绝事件，其中距今最近的第五次生物灭绝事件发生在6500万年前的白垩纪末期，当时共导致20%的陆地脊椎动物、16%的海洋生物以及几乎所有的哺乳动物死亡。不过，前五次生物灭绝事件都是自然因素所致，而即将到来的"第六次物种大灭绝"令人更多担心的则是人为因素。

物种保护形势紧迫

假如有一天,地球上没有了千姿百态的花草树木,没有了勃勃生机的动物,天上没有了飞鸟,水里没有了游鱼……只剩下孤零零的人类,人类还能生存吗?不,生态平衡的知识已经告诉我们,地球是人类、动物、植物和微生物的生物联合国,不是人类独有的王国。人类在寻求自己的生存物质、开辟新的生存基地和环境中,对其他生物采取"杀鸡取卵"或者盲目灭绝的做法,并不是聪明的做法,而是愚蠢的行为。野生动植物的灭绝,对人类来说,并不是一个"伟大的胜利",而是自己走向毁灭深渊的一个危险信号。

在地球生物圈里,生活着约3000万种生物。在这些数也数不清的生物中,只有100多万种生物"有名有姓",绝大部分生物,人类见都没有见过。这些生物构成了地球上错综复杂的各种生命形式,它们是地球生命的支持系统,是人类唇齿相依的朋友。

生物多样性对人类生存非常重要。就拿植物这一项来说吧,大自然多彩多姿的植物大家族为人类提供了大量生活必需物质：水稻、小麦、玉米、高粱、马铃薯等，是人类的"粮仓"，人类所需要的营养物至少75%来自这些植物；大豆、花生、芝麻、油菜、油棕等，是人类的"油库"，它们为人类提供优质食用油；人参、甘草、灵芝等数以千万计的植物，是人类健康的"保护神"，它们为人类的兴旺发达默默奉献了几千年，现代医药约40%药物的原料是从植物中提取。在攻克现代文明病——癌症的战斗中，长春花藤等植物立下了"不朽功勋"。除此之外，还有水果、蔬菜、轻工、观赏等经济资源植物，是人类文明生活不可缺少的。

物种进化是一个客观存在的规律。在生物发展的历史舞台上，物种的灭绝和诞生反复上演着。年复一年，地球上有许多种生物灭绝，又有许多新物种形成。然而，自然界的自然淘汰往往需要经历很长时间。动物学家认为，按进化规律，平均一个世纪消失或出现两种鸟类，属于正常现象。6500万年前，恐龙的灭绝算是相当惨烈的。据推测，恐龙灭绝的速度相当于1000年一种。

时至今日，物种灭绝速度已呈惊人的激增趋势。据统计，目前地球上灭绝的鸟、兽类，三分之一是19世纪之前漫长的历史时期内消失的，三分之一是19世纪内消失的，而三分之一是在最近的几十年里灭绝的，而且还有很多种鸟兽正面临绝境。

在绿色世界大约2万—2.5万种高等植物已濒临灭绝，几乎占了高等植物种类总数的10%。在美国的旅游胜地夏威夷群岛的植物中，受威胁、濒危的和已经灭绝的种类，合计已占全岛植物种类的一半。在南美厄瓜多尔的海岸地带，过去曾有一万多种植物，森林中有20多万种动物。但是自20世纪60年代以来，由于人口增加、城市扩大、大力垦植香蕉园等，原有的热带雨林几乎全被砍光，致使约5万种以上生物灭绝了。

由于多种多样的生物资源对于维持地球上自然界的生态平衡至关重要，而且它蕴藏着巨大的经济、科学价值，越来越为世人所瞩目，1992年6月，在里约热内卢召开的联合国环境与发展大会上，通过了《生物多样性公约》。该公约是一项有法律约束力的公约，旨在保护濒临灭绝的植物和

地理常识与环境问题

动物，最大限度地保护地球上的多种多样的生物资源，以造福当代和子孙后代。截止到2008年5月，该公约的签字国已达190个。我国于1992年6月11日签署该公约。

知识链接 >>>

我国现行的生物多样性保护政策是："自然资源开发利用与保护增殖并重""谁开发谁保护、谁利用谁补偿、谁破坏谁恢复"。为保护生态平衡，我国先后公布了珍稀濒危保护动植物名录，其中含一级保护动物91种，二级保护动物162种；一级保护植物51种，二级保护植物203种。

降服坏天气不是梦

在古代,人们对天灾的恐惧很普遍。由于当时科学技术水平低下,人们无力抵御自然灾害,再加上统治阶级的愚民政策,因此,人们往往只能乞助于神灵,幻想变凶为吉,化险为夷。但随着生产和科学的发展,人类在自然灾害面前逐渐摆脱被动的局面。人们不仅逐步获得了预告天气变化的手段,而且进行了许多人工控制浓雾、冰雹、雷电等气象灾害的成功尝试。

浓雾,白茫茫的一片,给人们带来许多不便:飞机怕雾,有雾飞机无法起飞和降落;在飞行中,无法看清目标,会发生撞山等可怕的事故。轮船怕雾,海上浓雾会使船只触礁失事。汽车怕雾,高速公路上汽车追尾事件的罪魁祸首常常就是雾。浓雾有时还危害人类生命健康。1952年,伦敦烟雾重重,久久不散,浓雾和煤烟混在一起,使人呼吸困难,造成了4000多人死亡。为了消除雾灾,减轻由此造成的损失,一些气象专家在研究了雾的出现规律后,已经能准确地预报雾的出现,并经过多次试验,发现、发明了有效的防雾、消雾措施。

大家知道,雾是悬浮在贴地层空气中大量微细水滴和冰晶的集合体。按其微结构和温度可分为三种:暖雾、过冷雾和冰雾。其中,暖雾是由温度高于0℃的细水滴组成;过冷雾是由温度低于0℃的过冷水滴组成;冰雾是由冰晶组成。

由于雾的性质不同,人工消雾的原理和方法也有区别。消过冷雾与人工降雨的理论一样,是依靠"贝吉隆过程"。其方法有两种:一种是播撒晶体结构和冰的结构很相似的、直径约1微米的粒子,通常使用的这种成核物质有碘化银、碘化铅等;另一种就是向雾中播撒干冰,使空气局部制冷到-40℃以下。在这个临界温度时,冰的成核作用便可自然发生。

人工消暖雾的关键是促使雾滴快速蒸发,目前主要有三种方法。第一种是加热法:通过燃烧或喷射高温气体使雾滴蒸发。巴黎奥利机场每隔数十米装个燃油炉,许多个连成一片。有雾时由总机控制自动加油点火,把雾"烧掉"。戴高乐机场的跑道旁安装着好几个喷气发动机,一旦有雾立即开动,喷出高温气体。但加热法成本太高,作用面不大。第二种是扰动法:用直升机在雾层顶部缓缓飞行,利用其产生的垂直气流,使雾顶上面的干空气沉下与雾混合,加速雾滴蒸发。第三种是吸湿法:向雾中播撒氯化钙、氯化钠和尿素等吸湿性物质,促使雾滴消失。

冰雹也是一种灾害性天气,它会击毁庄稼,损坏房屋,伤害人畜。冰雹其实就是冰块,有的像圆球,有的像圆锥或其他不规则形状。冰雹里面都有一个核,这个核是一颗不透明的雪珠,叫作冰雹胚胎,它是由水滴变成的。冰雹云里的上升气流比较强,云中的水滴被上升气流送到0℃线以上气层,就冻结成冰雹胚胎。冰雹胚胎里面混有空气,比较疏松,表面湿润,看起来不透明。当它下降到0℃线以下的空气层时,表面一部分就融化成水,别的水滴碰上它便会黏附在它上面。这时候若遇到增强的上升气流,它又被带到0℃线以上,冰雹胚胎表面的水就又冻结起来,形成一层比较透明的冰壳。以后,冰晶、雪花黏附在它上面,又使它包上一层不透明的冰层。由于冰雹云中的升降气流特别强烈,冰雹胚胎时而降到0℃线以下,时而又上升到0℃线以上,于是,它的"外衣"也就越来越多,而且一层透明,一层不透明,互相交替,直到上升气流再也托不住的时候,它便降落到地面。

人工消雹是从人工降雨的实践中总结出来的。在冷云中撒播碘化银,可以造成人工降雨,但是若撒播过量的碘化银,反而形不成雨,原因就在于撒播过量的碘化银以后,会使云中形成过多的小冰晶,而云中的小水滴供不应求。冰晶吞并不到小水滴,也就无法增长,形不成雨滴。人们从这里受到启发,找到了消雹的方法:在冰雹云中撒播大量的碘化银,使冰雹云中出现大量的小冰晶,小冰晶竞相争夺水分,使原来的冰雹胚胎"吃"不到足够的水分,也就无法成长为冰雹。

冰雹云体积很庞大,若向整个雹云撒播碘化银,耗费的人力、物力都很大。人们经过研究,发现冰雹云中真正能形成冰雹的是对流旺盛、含水量丰富的部分。这个部分在雹云的中上部,只占整个云体的几百分之一。人工消雹时只需要在这个部分撒播几公斤碘化银就行了。在撒播碘化银的同时,还可在云体下部大量撒播吸湿性很强的盐粉等物质,促使云中及早形成倾盆大雨。这样大量水分就会在云体下部消耗掉,冰雹胚胎得不到水分供应,冰雹也就形不成了。

夏天,电闪雷鸣往往是下雨的前兆,可有时也会给人类带来灾难。闪电打雷能引起森林火灾,造成飞机失事,打断输电线路,危及人畜安全等。为此,科研人员已研究出了几种人工抑制闪电的方法。

第一种方法是向雷雨云中适当的部位撒播碘化银,碘化银进入云体后便产生大量冰晶,冰晶增多以后,云体内部导电性能发生变化,电场强度被减小,于是闪电就不易发生。第二种方法是用火炮猛轰雷雨云,通过猛烈的爆炸,改变云中上升气流的状况和水分供应状况。雷雨云的发展同上升气流密切相关,当上升气流减弱时,雷雨云就发展不起来,闪电也就不能发生了。第三种方法是向雷雨云不断地发射高速飞行的物体。因为飞机、火箭在穿过还没有放电的积雨云的时候,很容易遭到雷击。这就启示人们,

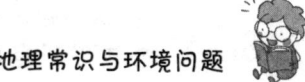

如果连续地向雷雨云发射高速飞行的物体,每发射一次,雷雨云内就产生一次闪电,结果闪电在云内不断进行,云与地面之间的闪电次数便大大减少,地面遭受雷击的可能性也就大大减少了。

　　人工影响天气之所以能够实现,是因为大气层中存在着不稳定的因素。只要人们掌握了其变化规律,就可以用较少的能量恰到好处地去"引发"它,使之向着人们预期的方向发展。

冰的贡献

自然界中的水,具有气态、固态和液态三种状态。液态的我们称之为水,气态的水叫水汽,固态的水称为冰。冰是冬天特有的景色,是大自然涂下的素洁淡雅的一笔。对于冰,人类一直给予极大的关注,而冰也在一直默默无闻地为人类做着贡献。

古代的埃及、希腊和罗马人早就利用冰了,美洲大陆也有冬季藏冰到夏季应用的记载。在我国古代,用冰的历史也许更早,我国沿海渔民早就利用天然冰作为冷藏鲜鱼等物品的材料。生活在北极圈一带的因纽特人最懂得用冰之道。他们居住的雪屋就是用冰块垒成的,他们先将一些苔藓植物埋入雪中,冻成冰块。这种奇特的建筑材料,强度很大,保温性能也很好,而且在气温回升时,也难融化。另外,因纽特人还利用狗拉雪橇作为交通和运输工具,在冰上自由驰骋。人类用冰最有趣的事发生在100多年前。因为丢失火种,一支南极探险队面临寒冷和饥饿的死亡威胁。一位聪明的队员利用冰块琢磨出一块凸透镜,让阳光聚焦而燃着引火物,使探险人员绝处逢生。

气温降到-30℃时,冰会变得异常坚硬,令人难以想象的是,在血与

地理常识与环境问题

火的战争中,冰又向人们展示了它的性格的另一面。据资料记载,芬兰和俄国在多次战争中,冰块被双方当作阻挡炮火的材料,起着沙袋和钢板的作用。现代化战争中战争指挥者用冰的故事也不乏其例。第二次世界大战期间,当德军进攻列宁格勒(今圣彼得堡)时,切断了所有通往城市的公路和铁路,使城市几乎被周围的海水和河水包围,成了一个孤岛,德军妄图以此困死苏军。可是不久河面冰结了,苏军毫不费力地在冰层上筑起了高速道路。并由此向城市的守卫者源源不绝地运去了食物、药品和弹药。德军闻讯气急败坏,决心要炸断这条冰上运输线,但炸弹落在冰上,仅留下斑斑白点和浅浅凹痕。坚固的冰层保护了运输,帮助苏军取得了胜利。

冰为什么会创造这种奇迹呢?原来,冰很结实,它的拉力强度每平方厘米约为12—15公斤,压力强度每平方厘米约为35—45公斤。河流结冰5厘米即可安全行人,结冰20厘米就是天然的运动场。如果结冰厚达50厘米,汽车就能畅通无险。50厘米厚的冰,几乎和钢铁、混凝土一样坚固,可抵挡重型炸弹的轰击。鉴于冰的这种特殊功用,"二战"期间,英美两国科学家曾用冰建造了世界上第一艘冰船,并打算运用到战争中去。当时,德国的舰艇和飞机击沉了盟军的许多供应给养船只,英国的给养面临着严重的危机,急需建造一种既不会被鱼雷击中,也不会被飞机炸毁的运输舰船。科学家们发现,在水中掺入木屑所结成的冰犹如水泥加上钢筋,具有惊人的强度,并且不易融化。据测定,一英寸厚的冰经得住普通手枪和左轮枪的射击。人们把这种冰制的舰体保持在0℃以下,冰舰能以8.5公里的时速前进,炮火损伤后能被灌水器的水填平,瞬间又冻结成冰。1943年的夏天,此舰在水中游弋两个多月,水温达到15.5℃时也没有融化。试航成功后,盟军命令一家冰冻厂建造一艘大型冰舰,它的长度是2000英尺(1英尺≈0.3米),舰壁厚达2米,重170万吨,可以运载200架小型飞机和100架大型飞机。这样的一条战舰,俨然一座冰岛,50英尺高的浪头也不会对它构成威胁,德军的海、空袭击对它也是枉然。可是,当冰舰正在绝密中加速建造时,战争便结束了。要不然,还真会有场好戏看呢!

科学家发现,水在结冰的时候可以形成完全没有盐的冰结晶,"冷冻法"

海水淡化技术就是用的这种方法。它是将海水冷却至凝固点并产生冰结晶，而与其他物质分离，再将冰结晶融化即可得到淡水。

知识链接 >>>

科学家们研究发现，水在冻结成冰后，会在冰和水的界间产生一个电位差。目前，科学家正在利用冰的这个特点，让冰"发电"。据测定，当普通水凝结成冰时，电位差可达到50伏特；而含氮的水结成冰时，电位差可提高到150伏特；放入食盐的水结成冰，电位差则高达230伏特。因此，开发这一潜在能源的前景，十分令人鼓舞。

"地球之肺"——森林

覆盖在大地上的郁郁葱葱的森林,是自然界拥有的一笔巨大而又最可珍贵的绿色财富。据计算,100平方米阔叶林在生长季节每天可以消耗一吨二氧化碳,放出730千克氧,从而可以防止二氧化碳在大气中积累,产生温室效应,而放出的氧气又使空气的含氧量相对稳定,有利于人类和动物的生存。因此,森林被誉为"地球之肺"。

森林能涵养水源,在水的自然循环中发挥重要作用。"青山常在,碧水长流",树总是同水联系在一起。降下的雨水,一部分被树冠截留,大部分落到树下的枯枝败叶和疏松多孔的林地土壤里被蓄留起来,有的被林中植物根系吸收,有的通过蒸发返回大气。1公顷森林一年能蒸发8000吨水,使林区空气湿润,降水增加,冬暖夏凉,这样它又起到了调节气候的作用。

科学家们进一步研究,发现540平方米的有林区土地比无林区土地大

约多蓄水 20 吨，这样 2700 万平方米森林的土地中蓄存的水就相当于一个总容量 100 万吨的小型水库。此外，一条林带能使比树高 20—25 倍距离的空中风速降低一半，可把灾害性的大风变成无害的小风。风速降低，削弱了风的挟沙能力，再加上树木的阻沙和固沙作用，流沙就会变为固定沙。据非洲肯尼亚的记录，当年降雨量为 500 毫米时，农垦地的泥沙流失量是林区的 1000 倍，放牧地的泥沙流失量是林区的 3000 倍。我们不是要制止沙漠化和水土流失吗？最有效的帮手就是森林。

林木的枯枝落叶可以肥田是人所皆知的事实，科学家们对此进行精确测定，500 千克紫穗槐的鲜嫩枝叶相当于 30 千克的硫铵、8 千克磷酸钙、7.5 千克硫酸钾的肥力。在农田四周种植林木，不但能提高土壤肥力，更重要的是能使有机质进入土壤，消除土壤板结和有机质严重偏低的状况，有利于农作物生长。

森林还是改善环境、抗击污染的"主将"。樟树、夹竹桃、丁香、枫树、刺槐、臭椿、桧柏、女贞、橡树、红柳、木槿、榆树、马尾松、法国梧桐等，都有很强的吸收二氧化硫、氯气、氟化氢等有毒、有害气体的能力。这些气体通过绿化林带，通常有 1/4 可以得到净化。

许多树木能分泌杀菌素，如松树分泌的杀菌素就能杀死白喉、痢疾、结核病的病原微生物。闹市区空气里的细菌含量，要比绿化地区多 85%。林木还能吸收噪声。一条 40 米宽的林带，可以降低噪声 10—15 分贝。

森林是如此重要，可是，很多人却似乎意识不到这一点，他们不仅不知道如何爱惜森林，相反地尽在无情地摧残它们。几个世纪以来，砍伐森林带来的大自然惩罚在世界各地都有发生。二三百年前，我国的陕北榆林地区曾是个林草茂密、土肥水足的好地方，后来由于清朝政府滥毁森林，致使风沙侵蚀，现在的榆林城外变成了一片沙漠。18 世纪，大批移民来到美洲大陆，砍伐森林，把大片草原开垦成耕地，致使大自然布局发生了改变。1934 年 5 月，美洲爆发了三天三夜的"黑风暴"，挟带起大量的泥沙，使田地干裂，水井、溪流、房屋被沙土埋没，千万人无家可归。这些令人类痛心疾首的事实告诉我们，保护森林对于保持人类良好的生态环境有着

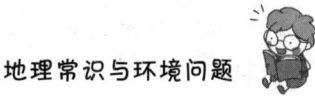

多么重要的作用。

可叹的是,历史教训并未使人类引以为戒,自毁家园的悲剧仍在不少地方重演着,南美亚马孙原始森林的厄运就是又一个典型的例证。丰富的亚马孙热带雨林,蕴藏着世界木材总量的45%。自20世纪60年代起,大片大片的森林在重型拖拉机和火的征讨下开始毁灭,仅1966—1975年就毁掉森林1100多万公顷。无节制的砍伐已使巴西全国森林覆盖率由80%下降至40%。狂砍滥伐的恶果也显而易见,近年来,巴西降水减少,气候变得炎热干燥。可以想象,如果任其发展下去,谁能保证几十年后的亚马孙地区不会变成一个大沙漠呢?

知识链接 >>>

我国是一个森林资源贫乏的国家。曾经我国的森林覆盖率仅为13%,远低于全世界22%的平均水平。近几年,我国大力推进植树造林、退耕还林,森林覆盖率稳步上升。现在,我国森林覆盖率为21.66%,仍低于30.6%的世界平均水平。我国力争2020年森林覆盖率达到23.04%,到2035年达到26%,到本世纪中叶达到世界平均水平。

能改善环境的沙尘暴

我国古籍里有上百处关于"雨土""雨黄土""雨黄沙""雨霾"的记录，最早的"雨土"记录可以追溯到公元前1150年：天空黄雾四散，沙土从天而降如雨。这里记录的其实就是沙尘暴。

沙尘暴可谓臭名昭著，特别是在20世纪最后几年，声讨它的声音越来越强，黄色的天空夹着泥土的春雨成为我国北方一景。沙尘暴真的那么讨厌吗？近年来的科学研究却惊奇地发现，沙尘暴很有可能是自然生态系不可或缺的一部分，它非但不是令人不快的"不速之客"，甚至可能成为造福人类、帮助人们改善环境质量的"好帮手"。

夏威夷群岛是浩瀚的北太平洋上最璀璨的明珠，那里美丽的风景征服了来自世界各地的人。第一次上夏威夷考察的地理学家感到奇怪，为什么这里会如此生机盎然？夏威夷远离大陆，是海底火山喷发后熔岩凝结而成的。这样的火山岩没有植物根系的作用根本无法形成土壤——没有土，哪来的植物？而没有植物，夏威夷又哪里来的土壤？这个问题几乎成了"先有鸡还是先有蛋"的死循环——最初一粒蕴含着无限生机和希望的肥沃土壤来自哪里？

科学家们乘着船梭巡在夏威夷附近的海面上，每天定时用一个圆柱形的装置对着海风收集空气中那些肉眼根本无法辨别的细小尘埃。类似的工作还在空中进行着，一架小型的科研用的飞机飞上不同高度，用同样的装置收集北太平洋上空不同高度大气中的微粒。这些尘埃被带到美国本土的实验室进行化验，并与来自中国西北荒原地区的一些土作对比。化验结果和科学家们猜测的一样，两者的成分非常相似——造就夏威夷最初的养料来自遥远的欧亚大陆内部，是沙尘暴把细小的包含养分的尘土挟上 3000 米高空，穿越大洋，播种一般把它们撒下来。除了夏威夷群岛，科学家还发现，地球最大的"绿肺"——亚马孙雨林也得益于沙尘暴，它的一个重要的养分来源也是空中的沙尘。

不过，降到海里的浮尘也是一柄"双刃剑"。美国的专家们发现，非洲沙尘暴造成的铁沉积和藻类过量繁殖之间有着明显的联系。这些藻类很多都是有毒的，它们是佛罗里达沿海有毒赤潮的元凶。但科学家近年来也发现，海洋浮游植物在吸收温室气体二氧化碳方面的贡献和陆生植物平分秋色，每年将大约 450 亿—500 亿吨的二氧化碳合成到自己的细胞中。这样一来，沙尘暴好似也成了抵抗全球变暖的"幕后英雄"。

由于沙尘暴多诞生在干燥高盐碱的土地上，沙尘暴所挟带的一些土粒当中也经常带有一些碱性的物质，所以沙尘暴往往可以减轻附近沉降区的酸雨作用或土壤酸化作用。这也就是说，如果没有沙尘暴，那么我国北方地区的酸雨危害要严重得多。

沙尘暴虽然危害甚大，却是地球自然生态当中的一个必经的过程。自人类有史以来，便有沙尘暴出现了，如果消灭了沙尘暴，也就消灭了一种自然生态，甚至会绝灭已经适应这种气候的一些物种。因此，人类应该进行科学的生态保护，在控制沙尘暴的同时对其加以研究利用，扬长避短，发挥它的价值。

沙尘天气是指本地或附近尘沙被风吹起，使空气混浊，大气能见度显著降低的一种天气现象。根据其强度由高到低，可依次分为沙尘暴、扬沙和浮尘三个等级。其中，沙尘暴是指空气非常混浊，水平能见度在1公里以内；扬沙是指空气相当混浊，水平能见度在1—10公里；浮尘是指尘土、细沙均匀地浮游于空中，水平能见度大于10公里。

"保卫地球"运动

1992年11月13日,1575名世界著名的科学家,其中包括99位诺贝尔获奖者,在美国华盛顿联名发表了一份长达千页的文件——《世界科学家对人类的警告》。文件一开头就说:"人类和自然界正走上一条相互抵触的通路。"文件把臭氧层变薄、大气污染、水资源浪费、海洋毒化、耕地破坏、滥伐森林、动植物物种减少以及人口增长列为人类面临的最严重的危险。

这些著名科学家说:"地球是有限的,不加限制的人口增长所构成的压力和对自然界的要求,可以压倒为实现持续发展所做出的任何努力。"他们要求在以下几个方面同时采取行动:对破坏环境的活动,如使用石油和煤、滥伐森林以及不良的农业耕作等加以限制;更有效地利用能源、淡水和其他资源;稳定人口;减少和最终消灭贫困;争取妇女平等,其中包括保证她们的堕胎权;减少暴力和战争的威胁。科学家们最后说,扭转人类遭受巨大不幸和地球发生突变的趋势,只剩下不

过几十年的时间了。

这不是危言耸听，剩下的时间确实已经不多，我们必须加紧行动。

环境保护运动是20世纪60年代在工业化国家的大烟囱下诞生的。1962年，美国女海洋生物学家卡逊的《寂静的春天》一书，点燃了世界环境保护运动的星星之火。星星之火，可以燎原。《寂静的春天》很快被译成多种文字出版，在群众中产生了广泛的影响，加上公害事件的频繁发生，促使人们觉醒起来，掀起了反污染、反公害的环保运动。

1970年4月22日，在一些社会名流和环境保护工作者的发起组织下，美国1万所中小学和2000所高等学校以及各大团体共2000多万人，举行了声势浩大的集会、游行等各种宣传活动，要求政府采取措施保护环境。这是人类有史以来第一次规模宏大的环境保护运动，它的影响很快扩大到全球，4月22日于是成了全球性的"地球日"。

在"地球日"活动的影响和推动下，1972年6月5日，113个国家的代表参加了在瑞典斯德哥尔摩召开的第一次人类环境会议。会议提出了一个响彻世界的口号："只有一个地球！"会议还发表了著名的《人类环境宣言》。为了纪念世界环境史上这个光辉的日子，联合国大会作出决议，把6月5日定为"世界环境日"。

现在，全世界每年有上亿人参加"地球日"活动，呼吁保护环境，拯救地球，并用各种行动来歌颂和爱护大自然；每年有三分之二的国家纪念"世界环境日"，围绕一个主题，举行各种活动，有力地推动世界环保事业的发展。

人类生活在同一个星球上，要解决全球性的环境问题，仅仅仰仗少数国家的努力还不够，必须依靠国际间的广泛合作和共同行动。1972年的第一次人类环境会议只是个起点，以后这样的国际性政府或学术环境保护会议会越来越多，1992年6月在巴西里约热内卢举行的联合国环境与发展会议，把这种国际性的环境保护协商行动推上了新高峰。会议上制定的国际公约具有法律约束力，这使国际社会解决重大的全球性环境问题迈出了重要的一步。

地理常识与环境问题

 知识链接 >>>

　　环境保护是利用环境科学的理论和方法，协调人类与环境的关系，解决各种问题，保护和改善环境的一切人类活动的总称。包括采取行政的、法律的、经济的、科学技术的多方面的措施，合理地利用自然资源，防止环境的污染和破坏，以求保持和发展生态平衡，扩大有用自然资源的再生产，保证人类社会的发展。

健康的核辐射

1945年广岛原子弹爆炸,使众多无辜者遇难死亡。造成死亡的一个主要原因就是核辐射。苏联切尔诺贝利核电站发生事故,有多少人不得不背井离乡,怕的是什么?也是核辐射。不过这只是核辐射的一个方面,其实,核辐射并没有那么可怕,科学家研究发现:少量的核辐射不但有益健康,而且一旦制服了核辐射,它还是人类的好帮手呢!

近年来,微量辐射的益处开始受到广泛关注,更多研究显示出小剂量辐射可给人体带来好处。其实在此之前人类已经开始利用核辐射了,医生给癌症病人进行放射治疗,便是在利用核辐射来杀死癌细胞。

利用核辐射处理环境污染物是近20年发展起来的治理技术。同别的治理技术比,它可是个"多面手",能处理废水、废气,也能处理固体废物。

核辐射处理废水,能使其中的有机物显著降解,从而大大降低废水中的总有机碳、生化需氧量和化学需氧量等指标。核辐射还能彻底消灭废水

中的病菌、病毒等各种病原体。特别值得夸奖的是它能解决污水处理厂的污泥问题。污水处理厂有那么多的污泥，没有地方堆放，必须先脱水，再放在焚烧炉里烧掉，这要消耗很多很多能量。用核辐射处理过的污泥，很容易脱水，过滤也快，污泥的体积就能大大缩小，还能给污泥彻底消毒。这样处理污泥比焚烧少花三分之二的钱。世界上一些工业发达的国家都建有大大小小的废水核辐射处理厂和污泥核辐射处理厂，仅美国就有40座，一座较大的污泥核辐射处理厂每天能处理400立方米的污泥。

核辐射处理废气，能使烟道气与氨发生辐射化学反应，使废气中的二氧化硫转变成硫铵，氮氧化物转变成硝铵，能做到同时脱硫又脱硝。日本率先建成废气处理示范装置，每小时能处理3000立方米废气，脱硫、脱硝效果很好。现在，美国正在和日本合作建造规模更大的处理装置。21世纪，核辐射处理方法将成为处理工业废气的主要方法。

核辐射技术也能用于处理塑料废物、废纤维以及食品废弃物的消毒。例如，聚四氯乙烯下脚料，经核辐射处理后可制成超细粉，可用作高级固体润滑剂。废纤维素经核辐射处理后，更容易用酸或酶水解转化成葡萄糖，葡萄糖可转变成工业原料乙烯，用核辐射处理可以提高转化率，节约成本。大量的食品加工废弃物，用核辐射消毒后，可做动物饲料或肥料。以色列已建成一座核辐射处理厂，每天能处理100—300吨的食品废弃物。

核辐射不愧是处理废物的多面手。将来，随着核工业的迅速发展，核辐射处理技术必能在许多领域中发挥作用，为改善地球环境做出贡献。

知识链接 >>>

核辐射普遍存在于包括水和空气在内的所有物质之中。从钻石、玛瑙等宝石到建筑用的花岗石和砂岩，甚至鹅卵石中都存有不同程度的放射性。目前已经有很多的例子证明微量的核辐射对人类健康有着积极作用，只是科学家们还没有给出"微量"的明确定义。

"洁净"的潮汐能

人们目前使用的能源主要是依靠煤和石油来取得的。但煤和石油资源是有限的，而且还会带来大气污染。因此人们开始探索，使用洁净而不产生污染的新能源。其中，大海中的潮汐被认为是一种很有发展前景的新能源。它洁净、便宜，来源广泛，可谓取之不尽，用之不竭。

凡是到过海边的人们，都会看到海水有一种周期性的涨落现象：到了一定时间，海水推波助澜，迅猛上涨，达到高潮；过后一些时间，上涨的海水又自行退去，留下一片沙滩，出现低潮。如此循环重复，永不停息。海水的这种有节奏的周期性的涨落运动就是潮汐。

潮汐是怎样形成的呢？按照牛顿的万有引力定律，任何两个物体之间都存在着相互的吸引力。吸引力的大小，一是决定于物体的轻重，二是决定于距离的远近。宇宙间星球多得很，但离地球太远，引力也就不大了。月球体重虽比不上大的星球，但它离地球最近，所以最容易把地球上的海水吸着凸出来。地球每天自转一周，它的某一点每天必有一次向月，一次

地理常识与环境问题

背月，形成两次涨潮。向月时，由于月亮的引力加上地球自转时产生的离心力，海水被吸着鼓向月亮；背月由于海水离月较远，离心力大于吸引力，使海水鼓向相反的方向。

潮汐是有规律可循的，人们可以准确地推算出某一地方的涨潮、落潮的时间。地球自转一周，所需时间是24小时，而月亮绕地球一圈，是24小时50分钟，因此某地任何一天来潮都要比前一天迟50分钟。

潮汐作为一种自然现象，为人类的航海、捕捞和晒盐提供了方便，更值得指出的是，它还可以转变成电能，给人带来光明和动力。20世纪初，欧美一些国家开始研究潮汐发电。第二次世界大战后，法国专门成立了潮汐利用协会，于1967年建成了总装机容量24万千瓦、年发电量为5.4亿度的目前世界上最大的潮汐发电站——朗斯潮汐电站。该电站位于法国圣马洛湾朗斯河口。朗斯河口最大潮差13.4米，平均潮差8米，一道750米长的大坝横跨朗斯河。坝上是通行车辆的公路桥，坝下设置船闸、泄水闸和发电机房。朗斯潮汐电站机房中安装有24台双向涡轮发电机，涨潮、落潮都能发电。另外，在1968年，苏联在其北方摩尔曼斯克附近的基斯拉雅湾建成了一座800千瓦的试验潮汐电站。1980年，加拿大在芬地湾兴建了一座2万千瓦的中间试验潮汐电站。据统计，目前国外已建成潮汐电站数十个。我国江厦潮汐电站在1985年建成投产，装机总容量达3200千瓦。

根据测算，世界上海洋潮汐能的蕴藏量约27亿千瓦，这是一个十分可观的数字，对于解决全球性的能源紧张问题不失为一条重要的渠道。到目前为止，由于常规电站廉价电费的竞争，建成投产的商业用潮汐电站不多。然而，由于潮汐能蕴藏量的巨大和潮汐发电的许多优点，人们还是非常重视对潮汐发电的研究和试验。随着技术进步，潮汐发电成本的不断降低，将不断会有大型现代潮汐电站建成使用。

利用潮汐能发电，首先要选好站址，因为潮差在5米以上才有

工程意义。巨大的潮汐能大都蕴藏在狭窄的海湾和江河喇叭形的入口处。白令海峡潮汐能最集中，几乎占世界总量的70%，加拿大芬地湾潮差达到19米，法国朗斯河口潮差有13.5米，我国钱塘江口潮差最大9米，这些地方都是建设潮汐发电站的最佳地址，但这样的地址全世界总共也不到100处。

微生物显身手

不知你注意过没有，每天从树上都要掉下来许多树叶；动物，包括人类，每天要排出许多粪便；从地球上有了生物到现在，每天都有大量动物、植物和人类死亡；人们每年要扔掉许多废纸、烂菜叶等东西。假如这些东西一直存在着的话，我们的地球就会被废物厚厚地包围起来，根本不会有人类的立足之地。大家也知道，绿色植物利用空气中的二氧化碳合成有机物，供给人和动物食用。空气中的二氧化碳的含量是有限的，一味使用而不补充，空气中的二氧化碳早就被用完了；如果没有二氧化碳，绿色植物就不能生长，人和动物就得饿死。为什么这些可怕的现象都没有发生呢？那是因为有了微生物。

一提起微生物，人们自然会想到那些可怕的危害人们健康的细菌，其实自然界中微生物种类很多，对人类有害的只是其中一小部分，而微生物中的大部分是人类的帮手。味道鲜美的豆腐乳是曲霉菌酿制成的，松软可口的面包、馒头是酵母菌的产品。而细菌最大的功劳当属几个世纪以来，

人类制造的细菌制剂——抗生素、疫苗,挽救了千千万万人的生命。现在,环境问题已成为世界上各个国家面临的一个主要的问题,环境污染直接危害着人类的生存。人们要保护环境,就要消除那些造成环境污染的因素。在这一方面,微生物又为我们立下了"汗马功劳"。人们可以通过利用微生物来改造自然,保护环境。

微生物也像动物、植物一样,具有生命,它可以由小长大,可以"生儿育女",繁殖后代,也可以"吃"进食物,排出废物。微生物是大自然的清洁工,数百万年的进化使它们具备了对千变万化的自然和人造环境的强大的适应能力。对于人类不断合成的新颖化合物,微生物也表现出很强的适应能力,它可以通过变异,不断产生能够降解新污染物的新菌种。所以,微生物对污染物的降解和转化显示出巨大的本领和美好的应用前景。

目前,人们对工业废水的处理一般采取物理法、化学法、物理化学法以及生物化学法,其中生物化学法是最受欢迎的一种处理方法。这种方法就是利用各种微生物,将工业废水中的有机物和某些无机物分解,并使之转化为无害无毒的无机物。不同的微生物可以净化不同的污水,芽孢杆菌能消除污水中的酚,耐汞杆菌能吸收污水中的汞。有一种细菌能把DDT转变成溶于水的物质,并消除毒性。真菌能吃掉浮在水面上的油类。枯草杆菌、马铃薯杆菌能消除已内酰胺。溶胶假单孢杆菌可以氧化剧毒的氰化物。红色酵母菌和蛇皮癣菌对聚氯聚苯有分解作用。尽管微生物的本领高超,但它们对通气性、酸碱度、营养物、温差等都有一定的要求,因此,在使用时,必须要掌握好它们的生活规律。经过微生物处理后,水中仍能留下较复杂的化学污染物,而且还不能除掉不断增加的氨和磷。因此人们经常将几种处理方法结合使用,即系统处理以达到最佳效果。

空气中存在大量的污染物质,如一氧化碳、硫化物等。空气中的微生物也是污染物,可使人体致病。但是微生物也有有利的一面,可吸收污染物质,减少空气中污染物含量。在采用微生物治理空气污染时,一般使用生物吸收法和生物过滤法。生物吸收法是利用微生物、营养物和水组成的微生物吸收液处理废气。生物过滤法是用固体颗粒吸收废气中的污染物,

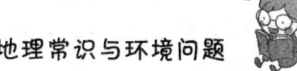

然后由附着在固体过滤材料表面的微生物将污染物转化为无害物质。

在处理固体废物方面,微生物也发挥着重要作用。生物处理固体废物的主要方法有堆肥处理、厌氧发酵和卫生填埋等。这几种方法主要是通过微生物的生命活动将其逐渐分解,从而达到稳定化、无害化、减量化和资源化。

除了在治理污水、空气污染以及固体废物中可以大显身手之外,科学家们还发现,不少微生物都有产生类似碳氢化合物的能力。如,一种分枝杆产生的霉菌酸,就类似于碳氢化合物。科学家们准备建筑一个名副其实的"细菌油田",将这些细菌放养在一起,供给足够的饲料——二氧化碳,使它们快快生长繁殖,然后用特殊的办法将它们收集,送到专门的工厂去"炼油"。据说,只要掌握好条件,每亩水面每年能生产3700桶原油。

小小微生物是人类好帮手,过去,它帮人类做了很多有益的事,今后,将有更多的微生物特别是经过生物技术改造的"超级微生物",为人类再立新功。

知识链接 >>>

微生物是个体难以用肉眼观察的一切微小生物之统称,包括细菌、病毒、真菌以及一些小型的原生生物、显微藻类等在内的一大类生物群体,它们个体微小,与人类关系密切。微生物涵盖了有益跟有害的众多种类,广泛涉及食品、医药、工农业、环保等诸多领域。有些微生物是肉眼可以看见的,像属于真菌的蘑菇、灵芝等。病毒也是微生物中的一种,是一类由核酸和蛋白质等少数几种成分组成的"非细胞生物",但是它的生存必须依赖于活细胞。微生物根据存在的不同环境分为空间微生物、海洋微生物等,按照细胞机构分类分为原核微生物和真核微生物。

快速发展的环保农业

随着生物防治技术的进一步发展，现代环保型农牧业也一步步发展起来。人们开始施用有机肥、喷施天然药剂、实行轮作或间作等技术，使得农业生产对土壤污染减少，提高土壤利用的可持续性。欧洲、美、日等资本主义发达国家都在大力发展各自的环保型农业体系，并已走在了世界的前列。

德国是传统的工业强国，1950年，一个德国农民平均可以养活10人，现在则可以养活130人。第二次世界大战后，德国政府通过调整农业生产结构和实施新的产业政策，使农业向现代化和健康的方向发展。目前，德国农业政策的根本点是发展有竞争力和可持续的农业，在提高农业现代化水平的同时，促进生态平衡，保护环境。

由于工业生产所需的原材料资源紧缺，同时，由矿物资源生产的工业原材料在生产过程中释放的二氧化碳等工业废气对生态环境的污染越来越

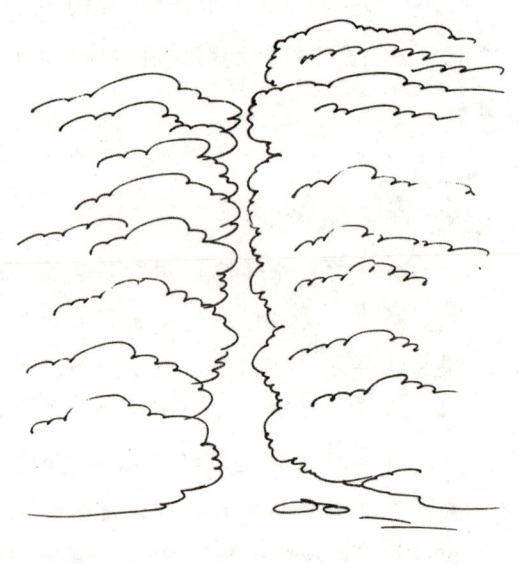

地理常识与环境问题

严重。德国政府早在20世纪90年代初就号召农民发展工业作物种植业,即种植那些可代替矿物资源、化工原料的高附加值经济作物。德国政府每年拨巨款用于发展工业作物种植,全国也有20多家大学、科研机构协助农民发展工业作物种植。近年来,德国工业作物种植不断发展。1999年全国工业作物种植面积已占总耕地面积的6.5%以上,已经能够为化工、造纸等工业部门提供相当一部分原料,生产出天然黏合剂、洗涤剂、染料等。在德国各地广泛种植的油菜籽,已成为能源、化工部门收购的重要作物之一,马铃薯和玉米也成了许多工业企业的替代原料。

英国农业机械化和现代化程度相当高,但由于长期以来对农业资源的过度开发,影响了农业的可持续发展,农村环境遭到了破坏。为了实现可持续发展,保护风景优美、古朴清幽的乡间环境,近年来,英国政府通过财政补贴和税收优惠等政策,努力引导农业向环保型迈进。政府首先在农业补贴方面引入了所谓的"环境许可证"制度。农场主如果想得到政府补贴,必须保证其农业生产达到一系列环保标准,如果不能达标,就会从补贴名单中除名。除财政补贴外,政府还在税收政策上加大对绿色环保农业的支持力度,增加一些新税种,促使人们节约能源,发展绿色农业。2001年,政府对农场主开始征收能源税、大气变化税等,同时还计划征收环境污染税,通过税收机制提高能源使用效率。另外,英国政府还用税收优惠政策鼓励环保,如果农民在节约能源方面达到目标,可以给予税收减免;如果制定行业性或多家农场的联合环保目标,实现目标后最多可以免除一半能源税。

据统计,英国的绿色农业正以每年40%的速度递增,同时英国还约有2.5万名农场主参加了以保护农村风景为主的"农业环境"计划。2003年,这些农场主共种植了总长4万公里的灌木篱笆墙,经营着23万个农用水塘,这也大大丰富了英国的农业旅游资源。

美国也正在探索一种农业持续发展的新模式。它将轮作、翻耕整地、施肥和防治病虫害技术综合配套使用,以达到保护生态环境和农业持续发展的目的。为此,美国政府成立了持续发展农业顾问委员会;实施农业水源

质量奖励,为那些采用保护性耕种方式的农民提供补贴,鼓励农民实行轮作等。

美国夏威夷有个名为 ONO 的农场。它为了保护生态环境,生产健康食品,16 年来从未使用过化肥、农药等人工合成化工产品,而是只采取施用有机肥,选用抗病虫害强的品种,培育病虫害天敌,喷施天然药剂等方法,生产蔬菜、水果、咖啡等农产品。由于这些产品无污染,有益于人类健康,因此深受消费者欢迎,十分畅销,仅 1990 年美国就有 600 种左右的绿色产品问世,而消费者的需要则相应增长得更快。

日本的水稻研究居世界先进水平,但长期以来,日本的水稻是浸泡在农药和化肥中长大的。据调查,日本每 10 亩水田一年使用农药费用为 7300 日元,相当于美国的 5.2 倍,使用的磷肥是美国的 2 倍,钾肥是美国的 25 倍。这种情况现在也已起了变化,1990 年起,日本新潟县的武石定夫在 40 亩水田上进行试验,将鱼渣滓、豆饼、菜籽饼发酵,用作肥料。为了对付水田中的杂草,他又使用了两种新方法:一个是在水田中放养鸭子,让鸭子吃水田中的杂草和害虫;另一个是在插秧季节将残留着稻草和稻秆的水田不加耕作插上秧苗。这两种方法的使用,使田里的稗草长不起来,而大米质量却有了很大的提高,邻近的农民都纷纷向他学习,采用这种水稻种植法的农民逐渐增多。

另外,日本还在发展"植物工厂",这是一种高水平控制环境的植物常年生产系统。在"植物工厂"中不使用土,而采用水耕栽培。通过对光、温度、湿度、二氧化碳浓度、肥料等的控制,使所栽培的植物能够在短期内最有效地生长和收获。这种"植物工厂"实际上是使农业工业化,有利于环境的保护,日本已向国外输出这种生产技术。

知识链接 >>>

环保农业是由集约农业发展而来的。由于经济方面的问题,很多国家相继出台了一些具体政策来促进环保农业的发展,同时加大宣传力度，加强国民的环保意识，以期尽早实现农业的持续发展。环保农业计划把"有机农业"作为其中一方面加以促进。典型的有机农业是无农药、无化肥的作物栽培。环保农业吸收了有机农业的成果的同时，拟探索一条把粮食供给和环保分离开来的途径。

新技术与未来展望

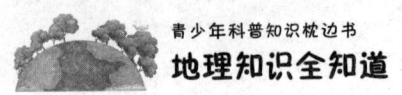

处理二氧化碳的新方法

我们知道，二氧化碳是引起温室效应的主要元凶。理论分析表明，大气中的二氧化碳增加1倍，可使大气的平均温度上升2.9℃。正是由于大气中二氧化碳的含量急剧增长，才使地球上的气候出现明显的变暖现象。减缓全球气候变暖的根本对策是全球参与控制二氧化碳向大气的排放量。遗憾的是，工农业发展又需要大量焚烧煤和石油，需要进行各种有机化合物的生产，而它们势必会增加二氧化碳的排放。为了解决这个矛盾，科学家孜孜以求，寻找着妥善的办法。

众所周知，绿色植物能通过光合作用，吸收二氧化碳，所以，森林在控制温室效应方面发挥着不可替代的作用。二氧化碳是植物生长的重要营养物质，树木通过叶片的光合作用，吸收二氧化碳、释放氧气，并将光合产物通过一系列生理生化过程固定在生物量中。这种通过光合作用将太阳能转化为化学能、将大气中的二氧化碳转化成有机物的过程，就形成了森林的固碳效果。根据科学研究，森林每生长1立方米木材，大约可以吸收

新技术与未来展望

1.83吨二氧化碳、释放1.62吨氧气。随着森林年龄的增加，固定二氧化碳的效率也在提高，长寿命的树种可以将这些固定的碳保持几百年。因此，发展林业可能是人类目前控制温室效应的最佳出路。

除了林木等植物之外，海洋生物吸收二氧化碳的潜力也很大。日本环保科学家已筛选出几种能在高浓度二氧化碳的环境中繁殖的海藻，并计划在太平洋海岸进行繁殖，以吸收附近工业区排出的二氧化碳。经过实验，证明这个设想是对的，效果良好。科学家们发现，倘若能用深层水来代替实验时使用的一般海水，藻类将会繁殖得更加迅速，从而使二氧化碳的排放量得到更有效的控制。

同时，大量繁殖在海水中的藻类，可以利用二氧化碳作为饲料或肥料。海洋中的珊瑚虫也可以吸收消化二氧化碳，珊瑚虫是一种腔肠动物，单个珊瑚虫是圆筒形的，顶端有个大口，或卵圆形，或裂缝形，水和食饵以及其他不能吃的碎屑都从顶端大口进入，不能消化的东西也从这大口排出。它的长长的内腔分若干个小室，这是它的消化腔。当海水进入它的消化腔，海水中溶解的二氧化碳被吸收下来，最后从它的外层分泌出由碳、氧、钙组成的物质，即石灰质，也叫碳酸钙。珊瑚虫分泌石灰质，是为了建造它的骨骼。正是这些珊瑚虫的石灰质骨骼，堆积成了珊瑚树乃至形成珊瑚礁。据科学家们分析测定，每平方米珊瑚礁上的珊瑚虫一年可固定4.3千克二氧化碳，堪称吸收二氧化碳的"大肚皮"！现在全世界大约有62万平方公里的珊瑚礁面积，算算看，一年能固定多少二氧化碳？大约25亿吨，相当于全球二氧化碳全年总排放量的12%。珊瑚虫虽小，可吸收消化二氧化碳的本领却十分强大。要是我们大家好好保护海洋，保持海水清洁，不随意破坏珊瑚礁，珊瑚虫就能大量地繁衍生息，消除更多的二氧化碳。

随着人们对深层海水的开发，科学家意外地发现了一些奇妙的现象。在600米的水深处，封存着天然的液态二氧化碳。科学家解释说，这是因为在水下600米处，水的压力可使二氧化碳向液态转化；在水深3000米以下，液态二氧化碳竟变得比水还重，极容易沉入海底。在深部低于10℃的水温下，液态二氧化碳还会出现一层果酱状的薄膜，可以防止二氧化碳扩散到周围的海水中去。根据这个意外发现的奇特现象，日本科学家已计划把二氧化碳直接输入深海中，利用深海水把它们封存起来。他们估计，这种封存的二氧化碳要重新返回大气层，至少需要1000年的时间，但目前尚缺乏大规模二氧化碳海洋封存的操作实例。

知识链接 >>>

美国弗罗里达大学的科学家们利用钛金属有机骨架(MOF)，可以把空气中的二氧化碳，直接通过人工光合作用转化成甲酸和甲酰胺（两种太阳能燃料），从而将有害的温室气体变成了清洁的空气。这是一项革命性的技术，不仅可以创造取之不竭用之不尽的清洁能源，还可以清除大气中过多的二氧化碳，为地球的碳循环找到了一条新的便捷高效的途径。不过这个项目还在试验之中，目前也仅能吸收光线中蓝色波段的光来进行人工光合作用，科学家们正在尝试用其他波段的光线来测试，希望MOF能够早日量产。那时候我们就可以开着光合作用的汽车，住着光合作用的房子，还天空以丽日晴空，蓝天白云。

给地球戴上遮阳帽

阳光是太阳的核反应"燃烧"发出的光，经很长的距离射向地球，再经大气层过滤后到达地面。正是有了太阳光的照耀，才使得地面富有生气，花开果熟，生物生生不息。千百年来，人们都在想方设法利用太阳能，但目前全球变暖已成为人类必须面对的重大环境问题。为遏制地球不断升温的趋势，人们又不得不开始考虑如何减少照射到地球上的阳光了！

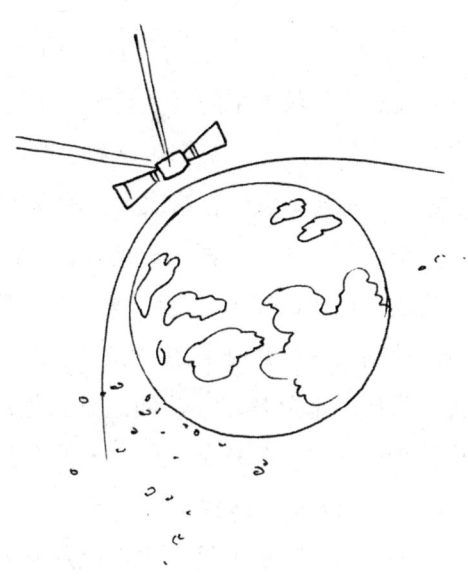

美国科学家们提出，可以通过反射部分太阳光、减少"见天日"的方式给地球降温。他们算了一笔账：按目前的趋势，造成全球变暖的罪魁祸首——大气层中的二氧化碳含量在50年后将达到工业革命前的两倍，这将导致地球气温上升2.5℃。如果将射到地球的太阳光遮蔽掉1.8%，那么就可以抵消这一上升幅度。在此理论基础上，科学家们提出了多种奇思妙想，其中最为大胆的，当属美国科学家们构想的"太阳盾"计划。这个计划是由美国的光学权威安杰尔想出来的。他提出在

太空为地球支起一把巨大的遮阳伞。这把伞由6面可调整倾斜度的镜子组成，长约2000公里，永久定位于距地面约150万公里、被称为拉格朗日的至高点。这把硕大的遮阳伞将遮挡一部分阳光，使地球吸收的太阳能减少2%，足以抵消温室气体排放造成的气温上升。但不少专家警告说，遮蔽阳光实践起来难度极大，不仅可能劳民伤财，而且还会产生意想不到的恶果。专家们特别指出，地球气候是一个复杂的大系统，在尚未搞清众多因素是如何影响气候的情况下，摆弄太阳光这样一个对气候变化至关重要的参数，一定要慎之又慎。

另外一个给地球降温的构想，是由成功揭示南极臭氧空洞成因而荣获1995年诺贝尔化学奖的荷兰人克鲁岑提出的。这个主意的提出与一次火山爆发有关。1991年6月15日，位于菲律宾吕宋岛的皮纳图博火山突然喷发，大量火山灰喷发到空中，遮蔽了太阳。这是20世纪世界上最大的火山喷发之一，300多人因此丧生，但是这次火山喷发也给科学家提供了将人类从气候灾难中拯救出来的巨大启示。当时，有2000万吨二氧化硫逸出，进入大气层的最上层，像灰霾般遮盖了地球，将太阳光折射回太空。此后几年，气象学家惊讶地发现，这次火山喷发导致地球的温度降低了0.5℃，尽管这一作用是暂时的——两年后地球的气温又开始上升了，但是克鲁岑从中受到启发，他建议模拟皮纳图博火山的喷发效应，用气象气球将二氧化硫微粒释放到大气层最外面的平流层中，在空中，这些飘浮的颗粒通过反射阳光，阻挡一部分热量，从而达到为地球降温的目的。但有科学家却指出，皮纳图博现象十分复杂，至今未能完全解释清楚。所以克鲁岑的建议是否可行，还需要进一步讨论。

上述两种方法都是在太空设置庞大的遮蔽物以遮挡阳光。但万一出了故障，就会造成很多垃圾。为此，人们又提出了在人造卫星上配置激光发射装置和巨大的反射镜，形成"激光网"的方法。据此设想，美国科学家提出了一个具体的实施办法：发射4颗人造地球卫星，4颗卫星发射的激光互相碰撞。这样，当太空中对地球海面温度有影响的红外线通过时，就会被与其能量相当的激光网阻挡，红外线就被反射并照射到海面上。海面

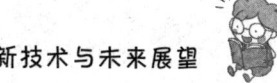

温度便人为升高,产生气流,形成云雨,以此调节地球上的温度。

自从气候变暖成为全球各国热议的一个重要话题以来,从科学角度对控制全球变暖进行的研究和试验一直没有停止过。其实,这些方法全是权宜之计。从长远来看,人类给地球降温的办法是:减少工业废气的排放;减少对含碳量高的化石类燃料的依赖,寻找新的能源;爱护树木,多植树造林,让地球回复生机盎然的景象。

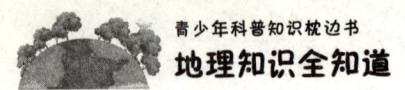

我国未来的"水银行"

水银行,顾名思义即与水有关的银行。它是国外一些发达国家在水资源调配或水权运作中使用的一种配置手段。水银行并非纸上谈兵,当前,国际上已有一些国家开设了水银行,并利用水银行进行存水和贷水,优化了水资源的时空配置。

美国爱达荷州州议会指导州水资源局在1979年成立水银行。其运作方式是沿袭20世纪30年代民间运河公司经营租赁水池的管理方式,在租赁水池中储存农业多余的水资源,并给缺水用户供水。在不涉及水权交易的情况下,利用民间运河进行水量输运,调配地区工业、农业、公共

用水,大幅度降低水资源的运输成本,并提高了水资源交易的时效性。

1991年,美国加州历经5年的干旱,州政府设立了加州水银行,并利用水银行进行救旱。在干旱期水银行进入水市场,农民购入灌溉水、抽取地下水或从水库引用剩余水等,并由水银行制定一个固定且高于买入水价的售水价,将水售给需水用户。

美国得州位于干旱的沙漠地区，早年即有许多私人的水利公司存在，1993年在州政府的建议下成立了美国得州水银行。得州水银行与爱达荷州或加州水银行的运作方式截然不同，得州水银行的宗旨为："避免干旱发生，并使水市场交易更为活泼。"所以水银行成为水资源买方与卖方之间的中介机制，买卖双方只要向州自然资源保护委员会提出申请，就可以暂时或永久转移水权或所持有的水量。亦即得州水银行提供各种水价和其他必要的交易信息，活化水市场的信息交流，并进行执法把关。

荷兰自20世纪50年代起在沿海人口稠密的城市地区开展了大规模的地下水补给工程。荷兰进行地下水人工补给的主要目的是增大供水能力，减少地下水的持续下降和海水入侵，其次是利用廉价的、天然的过滤消毒入渗系统提供卫生可靠的水资源。到1990年，地下水人工补给量达到了1.8亿吨/年，占荷兰总供水的15%。

英国伦敦一家水务有限公司为缓解伦敦干旱缺水的局面，开展了地下水战略工程，工程由新建的14口补给井和现有的9口补给井组成。它提供的地下水水质符合英国或欧盟的有关法规标准。这项工程不仅可以提供大量的供水水源，还是保证河流不断流的重要水源，产生了很大的生态价值。

在干旱和半干旱的一些中东国家，对于利用处理后的城市污水进行地下水人工补给并不陌生。如在约旦、科威特和摩洛哥都在继续着小规模的处理后的污水补给工程。特别是以色列的补给工程的成功经验更是引人注目，该地下水补给工程是利用经三级处理的污水，通过入渗盆地对含水层进行补给。

水银行在我国有着非常广阔的前景。目前许多城市农业用水量比城市用水量多，农业用水便宜，国家供得也特别多，其中存在着较大的浪费，如果把剩余的水存在水银行，水银行再把它卖给缺水的地方或城市，这样不但自然调节了水的差价，还达到了节水的目的。我国北方缺水城市多，每年降水又集中在夏季的3个月内。由于没有大量配套的雨水收集系统，每年有上亿立方米的雨水白白流走。因此，专家提议建设水银行，雨季蓄水，旱季调水。

知识链接 >>>

　　我国淡水资源分布不均衡，南多北少，"南水北调工程"就解决了这一问题。"南水北调工程"是中华人民共和国的战略性工程，分东、中、西三条线路，东线工程起点位于江苏扬州江都水利枢纽；中线工程起点位于汉江中上游丹江口水库，供水区域为河南、河北、北京、天津四个省（市）。南水北调中线工程、南水北调东线工程（一期）已经完工并向北方地区调水。西线工程（源头调水）截至目前，尚处于规划阶段，没有开工建设。

新技术与未来展望

核废料的"归宿"

核能的开发利用开始于 20 世纪 50 年代初。1954 年，世界上第一座实用的核电站在苏联建成，向工业电网并网发电，虽然电功率只有 5000 千瓦，却为人类打开了又一个能源的宝库。从此，核能在世界上的发展相当迅速，尤其在能源资源缺乏的国家，核能升为第一位，成了主要的能源。然而，核电站的核废料处理问题确实令人头痛。核废料是核物质在核反应堆内燃烧后余留下来的核灰烬，具有极强烈的放射性，而且其半衰期长达数千年、数万年甚至几十万年。也就是说，在几十万年后，这些核废料还能伤害人类和环境。所以如何安全、永久地处理核废料，给这些"人类杀手"找一个合适的归宿地，是各国科学家们一个重大的课题。

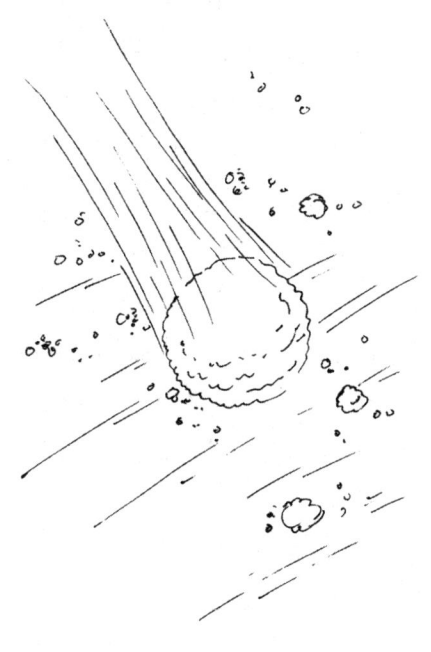

目前，对放射性废料主要采取井下封存的办法，让那些废的放射性物质在井下自然衰变，放出的射线不至于散发出来。有的放射性物质在井下自然衰变几年或几十年，可以变成无放射性的物质，有的则需要几千年，

也许要几十万年。例如锝99的半衰期长达25万年，这就是说，一克锝99放置25万年后还剩0.5克。就是这种核废料，在美国华盛顿州的能源部仓库里存放着几十吨，要是让这几十吨的锝99全部靠自然衰变而成为无放射性物质，需要多少年啊！如何处理好核废料呢？科学家们苦思冥想，终于设计出了几种切实可行的核废料处理方法。

美国曾有一部科幻电影《星球大战》，片中惩罚敌人的方式是：将他固化在玻璃中，然后用太空船送到另一个星球上。也许受了这部电影的启发，科学家们设想，将危险的核废料送到遥远的太空进行"天葬"。同电影中一样，"天葬"前，将核废料固化成玻璃块，装进一个特制的合金"棺"中，"棺材"外面再套上一层隔热外套，这样就将核废料严严实实地密封起来。然后用太空飞行器将棺材送入3000千米以外的轨道上，让核废料远远离开人类生活的地球。

对一些放射性含量较低的核废料，科学家为它们选择了深海作为坟墓。首先，在深海的海床上钻一个竖井，竖井的大小依核废料的多少而定。然后通过密封的深海管道系统，将处理好的核废料送到竖井内，再用混凝土将井密封起来。这样，核废料能逃出海底"牢笼"的可能性是极小的。

不论是"天葬"还是"海葬"，均需要强大的经济实力和科学技术作坚强后盾。能不能就地解决问题呢？最近，美国科学家研制出一种新的处理核废料的方法——"火葬"。将核废料装进一个很大的深坑，然后"点火"。不过这火可不是由木柴或汽油等点燃，而是由碳电极点燃的。电极接通后，产生强大电流，使坑内的温度上升到100℃—800℃。在这样的高温下，泥石开始熔化，并均匀包裹住核废料，待泥石浆冷却后，形成了一块类似天然岩石的坚硬物质，其硬度可以与天然大理石、花岗岩相比，最后用泥土把坑顶封死，这样一来"镶"在岩石中的核废料哪儿也去不了。

美国的亚伯尼博士和他的同事找到了将有害放射性核废料转变为无害物质的"点金术"——废料加速器衰变法。其中有一种方案是用粒子加速器加速质子，再用加速的质子猛击金属靶而产生中子流。然后用重水使中子减速，并使中子簇射到核废料上，放射性核物质俘获中子就成为无放射

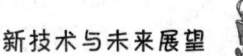

新技术与未来展望

性的同位素或半衰期较短的放射性同位素,后者再通过自然衰变过程能很快变为无害物质。这种"点金术"首先用来处理锝99放射性核废料。利用亚伯尼的"废料加速器衰变"装置,可把锝99废料转变成无害的钌100。

虽然很多新的核废料处理技术还没得到推广,但我们应该相信,令人头痛的核废料,最终将在科学技术进步中得到完善处理。

知识链接 >>>

核燃料到达反应堆之前,处于一种稳定状态,衰减或者裂变的可能很小,所以相对安全。当核燃料到达反应堆,首先需要用中子束来激发燃料。核燃料被激发了以后,就会开始裂变,裂变所产生元素也会衰减,链式树式的核反应会产生许许多多的元素,直到各类元素分别裂变或者衰减到无法再发电,这时燃料就变成了废料。

高科技改造沙漠

据科学家测算，全球受沙漠影响的土地有 3800 万平方公里，等于 4 个美国那么大；我国 960 万平方公里的土地上，其中沙漠、戈壁和荒漠化的土地占了 160 万平方公里，人们预测，沙漠的进一步扩大对人类生存造成极大的威胁。

人们曾想办法去改造沙漠，但很难。因为沙漠太热了，太干了，风也太大了，种树种草都无法存活。一位西班牙学者提出了一个好主意："派"人造树到沙漠去，作为改造沙漠的先遣队。

人造树做得和天然树一样，有根系，有树干，有枝、有叶，而且每株都有 7—10 米那么高。人造树是用聚氨酯和酚醛泡沫塑料做的，树根是由三条空心管道组成的一个三角形的框架，空心管壁上密布着小孔，用高压将聚氨酯塑料注到这三条空心管里去，塑料就会从管壁四周的小孔中渗漏出来，向着沙土的深处和远处延伸，等塑料凝固以后，这些人造树根就牢牢地固定在沙土里了，再强的风也吹不倒它了。人造树就这样先站稳了"脚跟"。

那些深深扎入沙土中的塑料细根,还能起着"毛细血管"的作用,将沙土下面潜藏的数量很少的水分,不停地吸到叶面上来,在阳光下蒸发,这样,人造树周围的空气就会变得湿润。另外,人们通常将人造树的树冠浇注成棕榈树树冠的形状,因为这种形状铺展的面积大。当夜晚沙漠中的温度降低的时候,空气中的水分就会在这些硕大的叶片上冷凝成许多露珠。人造树的树叶还能把这些露珠也吸收到枝干里去,到白天气温升高时,再缓缓蒸发出来,这也能增加空气的湿度。此外,人造树巨大的树冠还能形成树荫,使周围的气温降低。如果人造树的栽种面积比较大,就会在上空形成一个小小的冷气团。平时,从沿海地区深入到沙漠上空的暖湿气流,都因为沙漠地面上空的气温太高而让它们白白流过,如果沙漠上空有了冷气团,那冷气团会迫使暖湿气流降低温度,气流中饱含的水蒸气就会凝成雨滴,撒向干燥的沙漠。

因此,那位西班牙学者认为,有了人造树作为改造沙漠的"先遣队"以后,就能在人造树的下面种上小树、小草,它们得到人造树的滋润和保护,就能在沙土里扎下根,生存下去,它们也会起到改变沙漠气候和土壤的作用,到那时,沙漠就会渐渐成为真正的绿洲。

除了"人造树"之外,美国的科学家们还在研究一种叫作奥克松斯的机器来占领沙漠,把它改造成聚宝盆。奥克松斯是从希腊语借过来的,意思是"成长"。

奥克松斯和人类以往的任何机器都不一样,这是一种以铁、铜、铝、硅、碳等常见元素作为原料,以太阳能作为能源,通过自我繁殖,使自己的数量以倍数递增的新型机器。奥克松斯的增殖能力是惊人的,每隔大约5个月,奥克松斯就能完成一次自我复制。将100个奥克松斯放到沙漠中央,10年之后它们的数量将会达到16亿!13年之后,它的覆盖面积会超过50万平方公里。它们的使命就是吞噬整个沙漠,把海水淡化成河流,把空气中的二氧化碳变成石灰岩的山脉。

奥克松斯的前景极其诱人,但自我复制机器人研究还在襁褓之中。因

为奥克松斯需要在自然环境下"生存",是能够风餐露宿的"野生"机器,它们需要从沙子里提取出十种矿物,一步步造出和自己一模一样的机器。要把整个人类工业产业链,从采矿、冶金到机械制造、组装,全部浓缩在一个抽屉大小的机器里,并不是容易的事情。

知识链接 >>>

什么叫荒漠化?过去常理解为"沙漠不断扩大,把沙漠里的沙子扩散到越来越广的肥沃土地上去",这是不准确的。1992年世界环境与发展大会上通过的定义是"包括气候和人类活动在内种种因素造成的干旱、半干旱和亚湿润地区的土地退化"。也就是由于大风吹蚀、流水侵蚀、土壤盐渍化等造成的土壤生产力下降或丧失,都称为荒漠化。土地荒漠化最终结果大多是沙漠化。

开发地下空间

人类的祖先穴居于天然洞穴之中，随着人类的成长，先民们渐渐走出洞穴，开始营造更加适合人类繁衍生息的居住环境。多少万年过去了，人类在自身发展的同时，创造了灿烂的现代建筑与城市。但是，当城市里的楼群变得密集、马路变得拥挤时，人类又不得不重新提出了开发地下空间的宏伟构想，并开始付诸实践。

早在20世纪下半叶，世界发达国家已经开始开发利用地下空间了，现在日本大城市的浅层地下空间开发得已经差不多了。另外，瑞典、挪威、芬兰这些国家城市地下空间的开发也比较好，有好多地下音乐厅、游泳池、运动场。

美国著名的地下大楼建筑设计家戴维·贝内特设计建造的地下摩天大楼"土木与矿山工程大厦"，露出地面仅高7米，里面是光热设备，而大厦钻入地下深40米，是实验室和办公室。有3层楼是从冰成岩里凿出来的，坐落在一块75厘米厚的石灰石岩层上。这种房屋的屋顶上安装着一套反射

透镜装置，可以将阳光投射到18米以下的地方。更令人感兴趣的是楼顶上的"眺望窗"犹如地面上高层建筑的观光镜，通过一系列的透镜和平面镜，将街上景色投影到最低的一层。新技术的发展，使人类有可能在地下建筑舒适的工厂、办公室、商店、医院、学校和宿舍。在未来的若干年，将会有越来越多的人到地下工作和生活。

日本一家公司拟订的方案，初步设想在地下200米的深层用直径200米的管道来构建地下城市。地下城市的季节、气候、温度、湿度、通风、光照等全部用电脑等高科技手段进行控制。为了解决地下空间的交通问题，日本的一个公司建议城市间用地下飞机，这种飞机没有两翼，仅有机身，形成城市间的飞机高速交通网。这种飞机不是在空中飞，而是在隧道里面开，在地下50米以下深层开发的隧道里面，以600公里/小时的速度飞行。这种地下飞机不需要驾驶员，而是由遥控中心来遥控，这种飞机其实就是在部分真空的地下隧道中行驶的磁悬浮列车。

在21世纪，隧道工程也成为地下空间开发的重点。随着日本青函隧道和英国、法国之间的英吉利海峡隧道的开通，世界各国纷纷提出方案，要开发海峡隧道和大的穿山隧道。美国、俄罗斯、加拿大提出要在白令海峡建一座90公里的海底隧道。这个隧道从地下60公里处开挖，预测耗资370亿美元。另外，联合国计划采取水、桥结合的办法穿越直布罗陀海峡，把欧洲和非洲联系起来。中国也提出要修建穿越渤海的烟台—大连隧道，穿越琼州海峡和澎湖海峡的海底隧道。

建筑师们开始向地下发展他们的设想，有以下几条重要原因：一是可以节省宝贵的土地。当今世界各国城市土地普遍紧张，每个人占有的有效陆地面积正在逐步减少，地面上建筑物越来越稠密，结果造成了城市发展中的一系列问题，建设地下城市，既可节省日益昂贵的土地，又可减少地面建筑对生态平衡的影响。二是节约能源。因为地面提供了极好的绝热条件，所以在地下空间，冬天温暖舒适，夏天则凉爽宜人。三是静谧安全。地下没有令人讨厌的噪声，还可避免风雪、雷电的侵扰。在地下城市开设工厂，由于没有多少振动，有利于制造精密仪器和声学设备，作战时有利于掩蔽和安全。

新技术与未来展望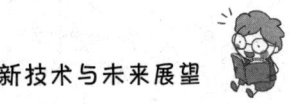

知识链接 >>>

地下空间是指属于地表以下，主要针对建筑方面来说的一个名词。它的范围很广，比如现在已经涉及的地下商城、地下停车场、地铁、矿井、军事、穿海隧道等建筑空间。在21世纪，地上空间越来越紧迫，综合各方面的因素，地下空间是人类的一个发展方向。

高新技术消除噪声

我们生活在一个充满声音的世界里,但声音过大,成为噪声,就会给人带来伤害。噪声是指那些杂乱无章、听了叫人不舒服的声音,比如机器、飞机的轰鸣声,汽车的喇叭声等。

在物理学里,噪声的强弱通常用分贝来表示。噪声共分7个等级,从零开始,每增加20分贝,就增加一个等级。当噪声在0—20分贝时,我们感觉很静;20—40分贝时,也是安静的;超过45分贝的声音就会干扰人睡眠;80分贝的噪声会使人感到吵闹、烦躁;超过90分贝,就会影响人的健康;

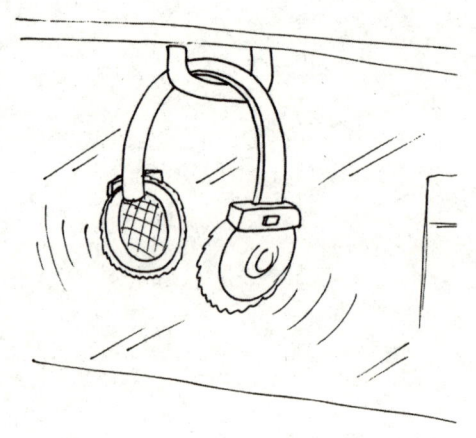

100分贝的噪声会影响人的听力;120分贝的噪声可以使人暂时"耳聋";在几米以内听到140分贝以上的噪声,人会变成聋子,甚至可能突然发生脑溢血,或者心脏停止跳动。

有人做过调查研究,长期生活在60分贝的噪声中,会使人感到心慌和厌倦,工作效率降低。长期生活在85—90分贝噪声下的人会患噪声病,出现头昏脑涨、失眠多梦、全身乏力、食欲不好、记忆力减退等症状。下面的调查数据,令人信服地说明了噪声的危害:一个噪声为94—106分贝的

车间，有 4.5% 的人耳聋，38% 的人耳鸣，30% 的人失眠，36% 的人记忆力减退。

由于工业生产的过于集中，交通拥挤，噪声源增多，噪声已经成了一种比较严重的公害。从某种意义上说，现代科技是这些噪声的真正元凶，因此人们准备"以其人之道，还治其人之身"，利用高新技术来消除噪声。

如何来对付噪声呢？一是采用一种被动的方法，即寻求更好的声音隔离。现在各种高效能的隔音材料、设备正在研制中，有一种隔声夹层玻璃已被使用。通过这种玻璃，噪声可减少 27 分贝。安装上这样的玻璃，基本上可以避免室外噪声的干扰。但采用声音隔离的方法是治标不治本，人们更感兴趣的是一种防患于未然的方案。现在科学家们正研究一种更有效的消声法，那就是"以毒攻毒"的方法，用声音消除噪声。假如能有一种声音，它与要消除的噪声在强度上、频率上完全一样，但在振动方向上是相反的，那么，在这两种声音同时作用之下的空气，所受到的拉力和压力相等，空气分子就不发生振动，从而达到消除噪声的目的。从理论上说，这种方法简单，但实现起来却比较困难。

英国南安普顿大学声学与振动研究所信号处理与控制小组近年来一直在研究一种所谓有源噪声控制的方法。这种方法就是利用麦克风探测到噪声源，并产生与之对应的反相波。由于大多数噪声并非来自点源的单一不变的频率，而是不断变化的复合频率波，因此为了产生抵消信号，就必须实时分析噪声，并预测其未来行为。20 世纪 80 年代末期，这个小组研究出这种复杂的电子控制机械，并将其试用于飞机上，结果对低频噪声的衰减较为明显。已有多家航空公司计划采用上述降噪声装置。针对综合噪声，已有几家公司推出了所谓的"有源"耳机，供商业及军用飞机驾驶员使用。它还可以减少背景噪声，提高音乐清晰度。

对大型喷气式飞机而言，噪声有两个来源，一是起飞时燃烧产生的轰鸣，另一是风扇推动空气发出的啸鸣声。为此，美国的专家们研制出一排 12 个有源翼板置于发动机两侧，由压电陶瓷制动器驱动，发出消声波。虽然此技术还未用于大型客机，但已走出了实验室，在一些商用飞机上试用，可使发动机噪声衰减为原来的十分之一。专家还设想，今后可能将这种制动器以及传感器缩制到单层薄膜上，既可以用这种材料制造机翼，还可将之作为"声学墙布"安装在建筑物中，以阻挡来自外界的噪声。这种智能建筑，其外部就如人的皮肤，可通过传感器感知外来的噪声，并通过自身主动的振动来消除之。这一设想一旦付诸实现，将对整个建筑界带来巨大影响。

知识链接 >>>

按照国际标准，在繁华市区，室外的噪声，白天不能超过55分贝，夜间不能超过45分贝；一般居住区，白天不能超过45分贝，夜间不能超过35分贝。我国则规定：医院病房、住宅卧室、宾馆客房等以休息睡眠为主、需要保证安静的房间，夜间噪声不得超过30分贝，白天不得超过40分贝。

沙漠变粮仓

人们曾经像迷恋大海一样,为沙漠的壮观而感叹。可是,当寸草不生的沙漠不断蔓延的时候,人们又感到心痛和迷茫。你看,曾经很富饶的北非粮仓已经消失,非洲的突尼斯失去了大约一半的耕地……沙漠对人类生存造成的威胁多么让人吃惊啊!治理沙漠的科学家,面对土地沙化的现实并没有气馁,也没有退避。他们为制止土地沙化想出了种种办法。他们设计着改造沙漠的蓝图,并为我们展示了这样一个美妙前景——沙漠要成为明天的粮仓。

治沙离不开水,沙漠中有了水就会出现绿洲,各种各样的植物就会在湿润的地面上蓬勃生长。只要有水,沙漠有足够的光照,就能产出最香甜的瓜果。位于美国西海岸的加利福尼亚州,本是一个荒漠,美国人用北水南调工程把科罗拉多河的水引入沙漠,使沙漠出现了生机,现在这片土地完全改变了昔日的面貌,绿茵如毯,水美粮足。

炸山引水是科学家的一个奇想。我国塔克拉玛干沙漠的四周被高耸的

山脉和高原包围着,从海洋吹来的暖湿空气被高山挡道,所以沙漠几年不下一场透雨。人们想,要是搬走高山或削平山头该有多好。于是有人建议,用威力无比的核炸弹把山脉炸个缺口,或者把山峰夷平,以便让水汽长驱直入,造成沙漠大量降水。有了水的滋润,塔克拉玛干就可以种粮种棉、种瓜种果,变滚滚的黄沙为重重的麦浪,这是一幅多么美的画面啊!可现在是办不到的。核炸弹不容易对付,一旦不慎泄漏了放射性物质,会造成更大的麻烦。当人类能够和平利用核技术的时候,就能用核斧劈开拦雨堵水的层峦叠嶂,沙漠就有可能成为粮仓。

沙漠的地下,往往贮存着丰富的地下水。骆驼在沙漠中行走时,轻轻地用蹄子一掀,有时沙层的底下往往是一股清甜的水。1984年,我国的一支石油勘探队在塔克拉玛干大沙漠里也发现了地下水,他们用推土机推出了6米多深的坑,第一天见到了泥浆,第二天,坑里渗出了半池清水。地质专家分析,地下水的来源是昆仑山的雪水。将来如果能探明沙漠中地下水的分布,用沙漠地下水治沙漠,经济价值就会更高。

地球的两极和高山的顶端有着厚厚的冰块,它们是宝贵的淡水资源,如果能取来灌溉沙漠,那么沙漠也就有救了。但远水不解近渴,真要这么做,投资的金额是很可观的。

除了为沙漠送水,科学家还想为沙漠造土。现在已研制了一种人造土壤,这种土壤是按照作物需要的水、土、肥的比例特制的,把它制成卷筒地毯,铺在沙漠地上,就可耕作啦。

许多科学家乐观地认为:在21世纪,沙漠终将成为人类免于饥饿的粮仓,担负着生产粮食的使命。

知识链接 >>>

日本科学家已经培育出了一种螺旋状的蓝藻,这种蓝藻能耐70℃的高温,含有丰富的营养成分。科技人员前往科威特沙漠,筑起了一个圆顶玻璃厂房,培植蓝藻并提取粮食。他们仅用了两个普通游泳池大小的面积,半年生产的蓝藻竟达37吨之多!

奇妙的"人造气候"

当你来到薄荷味飘香的工厂,跨进旭日东升、曙光万道的车间;当你进入薰衣草芬芳的卧室和气味清新的浴室,你会感到精神抖擞、思维敏捷、干劲倍增,这是异军突起的"人造气候"给人们带来的新感受。

科学家的研究发现,芳香气味对一个人的心情、精神和工作干劲有很大的影响。如薰衣草和香春菊能缓解紧张的情绪;用柠檬或柏属植物的气味可以丰富情调;用罗勒属植物、薄荷或丁香的气味可以清洁空

气。既然芬芳香气能产生这么神奇的作用,科学家自然不会忽视它。近年来,不少发达国家广泛地开发应用芳香气味,很多芳香革新家们正打算用这几种芳香来改善公共环境。

在日本,大量的芳香技术得以应用。东京的清水公司开发了一个新的计算机化的芳香传输系统,可以净化家庭、办公楼、公寓、旅馆、医院、育婴室、地铁、监狱和其他环境的空气。据清水公司统计,这种环境的芳香气味对人的身心都有一种潜在的积极作用。美国的"美化家庭"研究所

的研究结果有力地支持了清水公司的发现。他们组织研究了薄荷和薰衣草的气味对校对员工作效率的影响。第一手研究资料表明，当芬芳的气息在房间逐渐散开并弥漫了整个空间时，校对员的效率大大地提高了。日本一家建筑公司则标新立异，准备在日本建造三座芳香建筑物，让香气笼罩整幢大厦空间。每一个人都可共同分享芳香。其中的一座建筑物是专供退休人员使用的。预计，将来候机大楼、博物馆、火车、飞机、客轮等也都可以变得香气四溢。

日本和美国的一些专家认为，芳香气味的实用价值确实很大。电脑操作人员、长途汽车司机、雷达系统监视人员、医院特护仪器操作员等，如在芳香空间工作，可以减少出错概率。现在许多人疲劳时，靠抽烟、喝咖啡或听音乐来提神，将来只要输送芳香气味便可解决问题了。

人们都有这样的体会，阴雨连绵的天气里，总觉得心烦意乱，干什么都提不起精神，而在晴朗的天气时，就觉得心情开朗，工作起来也是干劲大增。大自然的气候虽然不可抗拒，但人们却能用现代科学的方法创造一个有利的气候条件，于是世界上许多国家出现了人造气候热。

在法国的一些工厂，室外是阴雨连绵；车间却是晴空万里，阳光灿烂。科学家们发现，这样能振奋人的精神，使工作效率提高10%。在日本的大阪市，有一条地下街，叫"虹"，它长1000米，宽50米，高6米，全街由4个广场和3个商场相隔排列而成。入口处是"爱的广场"，广场顶部华灯高悬，地上花坛星罗棋布，四周墙壁上装饰着以古代爱情传说为主题的浮雕和壁画。穿过一个商场，便来到"光的广场"。广场中央是一个养鱼池，广场顶部悬挂着由1600只彩灯组成的"星空"。池水与灯光辉映，构成一幅奇幻的图画。再过一个商场，便是"水的广场"，广场顶部2000只喷口向下的喷射水柱，宛如悬挂的瀑布。在七色灯光照射之下，"瀑布"上映出一条弧形的"彩虹"，景色绚丽迷人。这条街因此而得名为"虹"。再穿过一个商场，便来到出口处"绿的广场"。这里绿树如茵，花草满地，显示出一派东方园林的风格。当人们置身这样的人造气候环境，懒散劲儿将一扫而光，精神将为之振奋。

人造雾景是以水为原料制造出的、无任何污染的、无色、无味、清新的雾气。人造雾景可用于假山、草地、露天餐厅、广场、高尔夫训练场、喷泉等场所的造景，形成烟雾缭绕的迷人效果；也可用于净化空气，因为水雾在空气中可产生大量的负离子，使空气新鲜湿润。现在有些室内装饰也运用人造雾景，缥缈的轻雾与迷离的灯光、各式风格的室内装饰巧妙结合在一起，从而给人带来沁人心脾的清新气息。

"人造气候"还可以用来治病。科学家们根据名山大川、海滨、盆地能治病强身的道理，建立起"人造气候室"，用人工办法来模拟特殊的气候条件治疗疾病，取得了很好的效果，这是"人造环境"的又一妙用。

知识链接 >>>

气候是大气物理特征的长期平均状态，与天气不同，它具有稳定性。时间尺度为月、季、年、数年到数百年以上。气候以冷、暖、干、湿这些特征来衡量，通常由某一时期的平均值和离差值表征。通过这一概念，我们知道小范围、短时间气候特征的改变，只能算是环境改变，还不能称之为"人造气候"。想要真正的影响地球某个区域气候，还需要更长时间的努力。